SACHBUCH

Hans Jürgen Press

Spiel – das Wissen schafft

Hans Jürgen Press

Von Hans Jürgen Press sind in den Ravensburger Taschenbüchern außerdem erschienen :

RTB 459
Der Natur auf der Spur

RTB 824
Geheimnisse des Alltags

RTB 863
Der kleine Herr Jakob
– ohne Worte

RTB 2028
Die Abenteuer der
„schwarzen hand“

RTB 504
The Black Hand Gang and
the Mysterious House

RTB 505
The Black Hand Gang and
the Treasure in the Breezy
Lake

Spiel – das Wissen schafft

[Experimente aus Natur und Technik]

RAVENSBURGER BUCHVERLAG

Originalausgabe
als Ravensburger Taschenbuch
Band 3011
erschienen 1996

Erstmals in den Ravensburger
Taschenbüchern erschienen 1964
(als RTB 26)

Umschlagillustration: Jens Schmidt
nach einem Motiv von Hans Jürgen Press

RTB-Reihenkonzeption:
Heinrich Paravicini, Jens Schmidt

**Gesamtherstellung: Clausen & Bosse, Leck
Printed in Germany**

6 5 4 3 2 1 01 00 99 98 97 96

ISBN 3-473-53011-5

SACHBUCH

INHALT

Astronomie

Einfache Sonnenuhr 10
Weltzeituhr 11

Versuche mit Pflanzen

Künstliche Bewässerung 15
Regen im Glas 16
Zickzackwuchs 17
Leben durch Sonne 18
Zweifarbige Blüte 19
Gerüst eines Espenblattes 20

Chemie

Brennender Zucker 22
Verbrennung ohne Flamme 23
Feuerlöscher 24

Elektrischer Strom

Kartoffelbatterie 26
Strom aus Metallen 27
Elektromagnet 28
Graphitleiter 29
Morseapparat 30
Mini-Mikrofon 32

Statische Elektrizität

Pfeffer und Salz 34
Einfaches Elektroskop 35
Elektrisches Ballspiel 36
Tanz der Papier-Püppchen 37
Kleiner Blitz 38

Magnetismus

Magnetkraft der Erde	40
Magnettest	41
Kraftlinienbild	42
Magnetische Enten	43

Luft

Luftlast auf dem Papier	45
Bernoullis Gesetz	46
Spannkraft der Luft	47
Flaschenbarometer	48
Schuß nach hinten	49
Sturmsichere Münze	50
Streichholzlift	51
Preßluftrakete	52

Wärme, Kälte, Eis

Buddelthermometer	54
Flaschengeist	55
Doppeltes Glas	56
Münze im Wasser	57
Ungleiche Wärmeleiter	58
Gedehntes Metall	59
Gesprengter Stein	60

Versuche mit Flüssigkeiten

Wasserberg	62
Schwimmendes Metall	63
Beerentanz	64
Das archimedische Prinzip	65
Faustmessen	66

	Eier im Wasser	67
	Mini-U-Boot	68
	Auftrieb des Alkohols	69
	Seerose	70
Schwerpunkt und Schwerkraft	Verhexter Karton	72
	Kerzenwippe	73
	Gleichgewichtsakrobat	74
	Balancierstab	76
	Rätselhaftes Gleichgewicht	77
	Balancierende Nadeln	78
Trägheit	Eierkreisel	80
	Träges Ei	81
	Schatz im Turm	82
	Standhafter Bleistift	83
Technisches Kräftespiel	Papierbrücke	85
	Stabilität der Eischale	86
	Knoten in der Zigarette	87
	Schnittfestes Papier	88
Schall und Töne	Singende Gläser	90
	Papiermembrane	91
	Leitung zum Ohr	92
	Brummflöte	93

Licht

Camera obscura 95
Blick in die Unendlichkeit 96
Aufgelöste Münze 97
Schattenspiel 98
Augenstäubchen 99
Seltsame Vergrößerung 100
Mondrakete 101
Lichtfächer 102
Schloßgespenst 103

Sinnes-täuschungen

Geisterballon 105
Verwirrte Schrift 106
Schreibfehler 107
Problem mit Kleingeld 108
Irritierende Kreise 109
Lebende Bilder 110
Magische Schneckenlinie 111
Täuschende Drehung 112

Astronomie

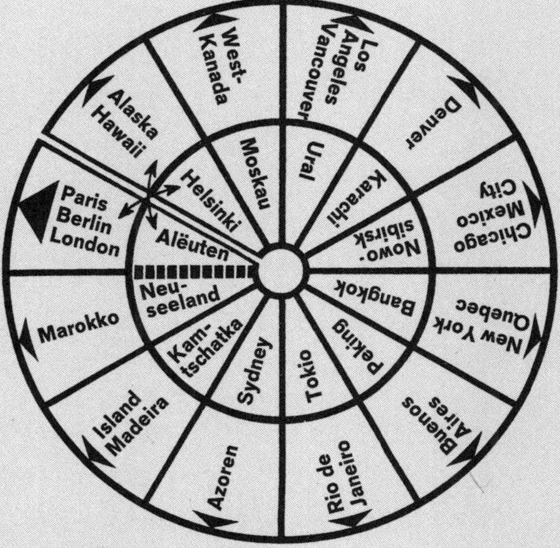

West-Kanada
Los Angeles Vancouver
Denver
Chicago Mexico City
New York Quebec
Buenos Aires
Rio de Janeiro
Azoren
Island Madeira
Marokko
Paris Berlin London
Alaska Hawaii
Moskau
Ural
Karachi
Nowo-sibirsk
Bangkok
Peking
Tokio
Sydney
Kam-tschatka
Neu-seeland
Alëuten
Helsinki

Einfache Sonnenuhr

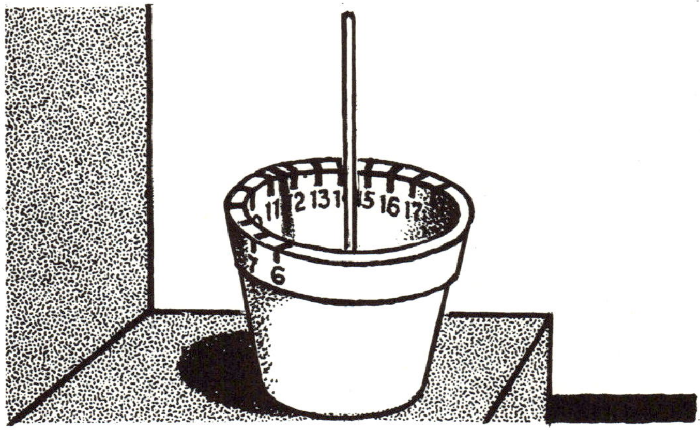

Stelle einen Blumentopf, in dessen Bodenloch du einen langen Stab gesteckt hast, an einen von morgens bis abends sonnigen Platz im Garten oder auf dem Balkon. Der Schatten des Stabes wandert entsprechend der Sonnenbewegung am Topfrand entlang. Zu jeder vollen Stunde zeichnest du den jeweiligen Stand des Schattens am Topf an. Solange die Sonne scheint, kannst du jetzt die Zeit ablesen.

Infolge der Erddrehung zieht die Sonne scheinbar in einer halbkreisförmigen Bahn von Osten nach Westen über uns hinweg. Dementsprechend wandert der Schatten des Stabes an der Innenwand des Topfes entlang. Da die Wand schräg steht, treffen die Strahlen ziemlich senkrecht auf und werfen einen genauen Schatten.

Weltzeituhr

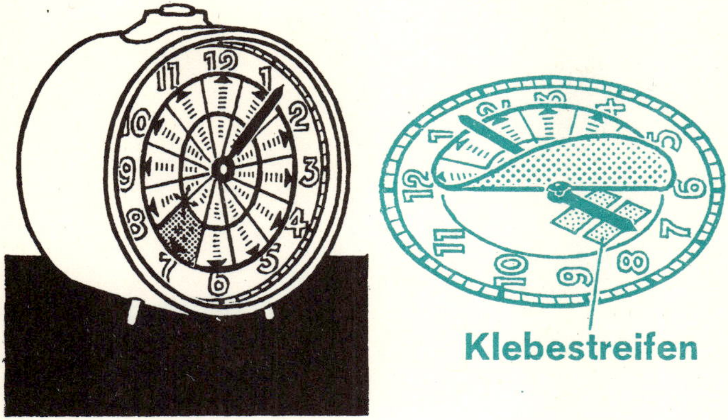

Kopiere die abgebildete Weltzeitscheibe, klebe sie auf Zeichenkarton und schneide sie aus. Nimm von einem Wecker das Gehäuse und das Glas ab, führe den Minutenzeiger durch das Loch der Papierscheibe und klebe an ihrer Rückseite den Stundenzeiger fest. Achte darauf, daß der große Pfeil „Berlin" genau über dem Stundenzeiger liegt. Mit diesem dreht sich die Scheibe, sie darf deshalb nicht klemmen. Die Uhr gibt dir alle Zeiten auf der Erde an.

Lies zuerst die Mitteleuropäische Zeit (Pfeil Berlin) ab. Wanderst du von Berlin auf dem Außenkreis links herum, findest du die Orte westlich von Berlin. Mit jedem Feld wird es eine Stunde früher. Wanderst du von Berlin in Pfeilrichtung auf dem Innenkreis herum, findest du die

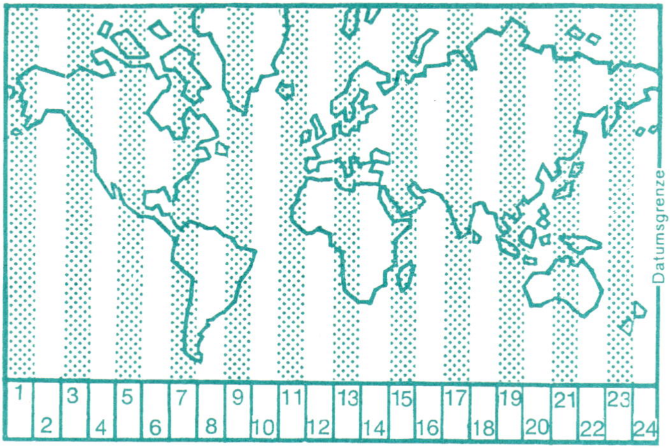

Orte östlich von Berlin. Mit jedem Feld wird es eine Stunde später. Zeigt der große Pfeil Berlin bei uns auf 13 Uhr, dann ist es in Neuseeland bereits 24 Uhr.

Ein Beispiel: Der Wecker zeigt an, daß es bei uns 19.02 Uhr ist. Wie spät ist es dann in San Francisco? San Francisco liegt in der Zeitzone von Los Angeles. Auf der Drehscheibe gehst du von Berlin im Außenkreis links herum bis zum Feld Los Angeles. Die Uhrzeit dort: 10.02 Uhr. Da in einigen zusammengehörenden Gebieten eine einheitliche Uhrzeit eingeführt wurde, führen die Grenzen der Zeitzonen an ihren Grenzen entlang. Die westeuropäischen Länder einschließlich Großbritannien haben gemeinsam mit den mitteleuropäischen Ländern die Mitteleuropäische Zeit. Du solltest auch daran den-

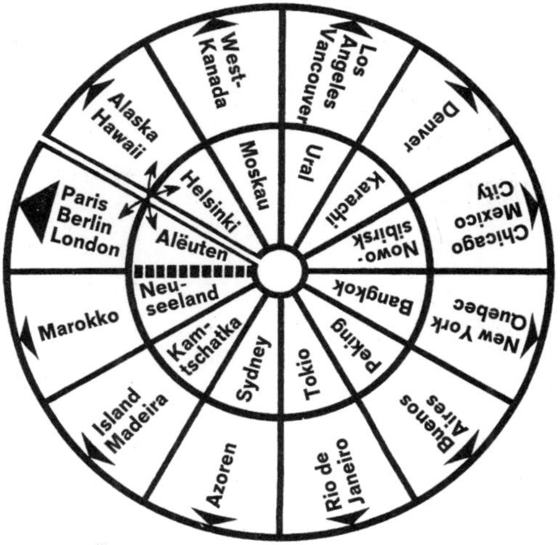

ken, daß manche Länder die Sommerzeit einführen, also die Uhr im Sommer um eine Stunde vorstellen. Da sich die Erde in 24 Stunden von Westen nach Osten einmal um ihre Achse dreht, wandert die Sonne scheinbar von Osten nach Westen und bestimmt in den Zeitzonen die jeweilige Tageszeit. Auf dieser Karte ist es in Berlin 13 Uhr, in New York erst 7 Uhr morgens. Am rechten Rand (Datumsgrenze) beginnt bereits ein neuer Tag. Markiere jede Zeitzone und das jeweils dazugehörige Feld auf der Drehscheibe mit einer Farbe.

Versuche mit Pflanzen

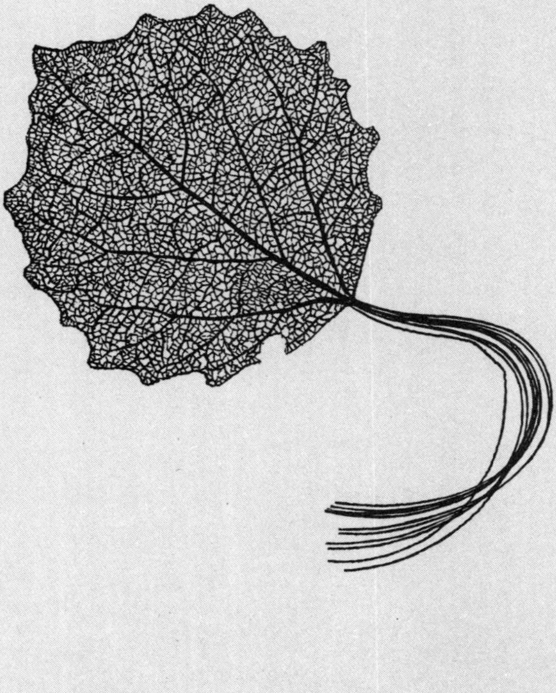

Künstliche Bewässerung

Fülle eine Weinflasche mit Wasser, halte sie zu und stecke sie mit einem Ruck kopfüber in einen Blumenkasten. Die Flasche kann die Pflanzen mehrere Tage bewässern.

Es läuft nur soviel Wasser aus der Flasche, bis die Erde um sie herum durchnäßt ist und dann keine Luft mehr in die Flasche nachströmen kann. An warmen Tagen kannst du beobachten, daß mehr Luftbläschen aufsteigen als an kühlen Tagen – die Pflanzen benötigen dann mehr Wasser.

Regen im Glas

Stelle einen belaubten Zweig in einem Glas mit Wasser ins Sonnenlicht. Gieße auf die Wasseroberfläche eine dünne Schicht Speiseöl und stülpe über das Ganze ein großes Einmachglas. Schon nach kurzer Zeit sammeln sich an der Innenwand Wassertröpfchen.

Da das Öl kein Wasser durchläßt, muß es aus den Blättern kommen. Tatsächlich wird das Wasser, das die Pflanze aufnimmt, durch winzige Poren der Blattoberhaut in die Luft abgegeben. Sobald die von der Sonne erwärmte Luft im Glas mit Feuchtigkeit gesättigt ist, kommt es zur Kondensation: Wie ein feiner Regen setzen sich Wassertröpfchen am kühleren Glas ab.

Zick$_{zack}$wuchs

Lege ein paar vorgekeimte Samen, zum Beispiel von Radieschen oder Linsen, auf ein Löschblatt zwischen zwei Glasscheiben. Ziehe Gummiringe über die Scheiben und stelle sie in einem Wassergefäß ans Fenster. Drehe die Glasscheiben mit den Keimen alle zwei Tage auf eine andere Kante. Die Wurzeln wachsen immer wieder nach unten, und der Stengel wendet sich jedesmal nach oben.

Pflanzen haben sinnesartige Anlagen. Ihre Wurzeln streben immer dem Erdmittelpunkt zu, die Sprossen in entgegengesetzte Richtung. An einem Berghang wachsen die Wurzeln der Bäume nicht rechtwinklig zur Oberfläche ins Erdreich, sondern senkrecht in Richtung Erdmitte.

Leben durch Sonne

Fülle ein Einmachglas mit frischem Wasser und lege einige Triebe von Wasserpest hinein. Steht das Glas im Sonnenlicht, steigen sofort kleine Gasbläschen auf. Stülpe einen Trichter, auf den du ein wassergefülltes Glasröhrchen gesteckt hast, über die Pflanzen. Das Gas, das die Pflanze absondert, füllt jetzt langsam das Röhrchen.

Pflanzen brauchen Sonne. Mit ihrer Hilfe bilden sie im Blattgrün aus Wasser und Kohlensäure ihren Aufbaustoff, die Stärke. Sie scheiden dabei Sauerstoff aus.

Im Glasröhrchen hat sich tatsächlich Sauerstoff gesammelt. Nimmst du es ab und hältst einen glimmenden Holzspan hinein, so flammt er hell auf. Sauerstoff ist für jede Verbrennung nötig.

Zweifarbige Blüte

Verdünne rote und grüne Füllhaltertinte (keine Ausziehtusche) mit etwas Wasser und fülle damit je ein Glasröhrchen. Stelle die Röhrchen in ein Trinkglas. Spalte den Stengel einer Blume mit weißer Blüte, zum Beispiel einer Dahlie, Rose oder Nelke, und stecke je ein Stengelende in ein Röhrchen. Bald färben sich die feinen Stränge der Pflanze, bis nach einigen Stunden die Blüte zur Hälfte rot und zur Hälfte grün ist.

Die Farbflüssigkeit steigt durch die haarfeinen Kanäle des Leitgewebes, in denen sonst das Wasser und die Nährstoffe von den Wurzeln her befördert werden, nach oben. In den Blütenblättern lagern sich die Farbstoffe ab, während der größte Teil des Wassers durch Poren wieder ausgeschieden wird.

Gerüst eines Espenblattes

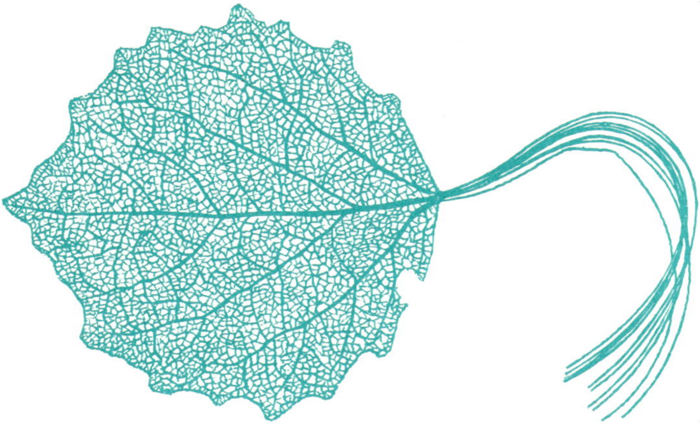

Während das abgefallene Laub der meisten Baumarten schon nach einem Jahr ziemlich verrottet ist, werden von den Blättern der Zitterpappel (Espe) nur die weichen Zellen der Blattflächen zersetzt. Das verholzte Blattgerüst mit seinen haarfeinen Äderchen bleibt dagegen meist vollständig erhalten, selbst wenn das Blatt lange auf nassem Boden gelegen hat.

Auch die Leitungsbahnen des Blattstiels, durch die vorher Wasser und Nährstoffe transportiert wurden, sind unversehrt. Ihre noch jetzt spürbare Elastizität gab dem noch am Baum haftenden Stiel die Federkraft eines feinen Stahldrahtes, die das Zittern des Blattes im leichten Wind bewirkte.

Chemie

Brennender Zucker

Lege ein Stück Würfelzucker auf einen Blechdeckel und versuche es anzuzünden. Dies gelingt nicht. Betupfst du aber eine Ecke des Zuckerstücks mit einer Spur Zigarettenasche und bringst ein brennendes Streichholz an diese Stelle, beginnt der Zucker bei blauer Flamme zu brennen, bis er ganz verschmort ist.

Obwohl man Zigarettenasche und Zucker einzeln nicht anzünden kann, löst die Asche den Verbrennungsprozeß des Zuckers aus.

Man bezeichnet einen Stoff, der eine chemische Reaktion bewirkt, ohne daß er dabei selbst umgewandelt wird, als Katalysator.

Verbrennung ohne Flamme

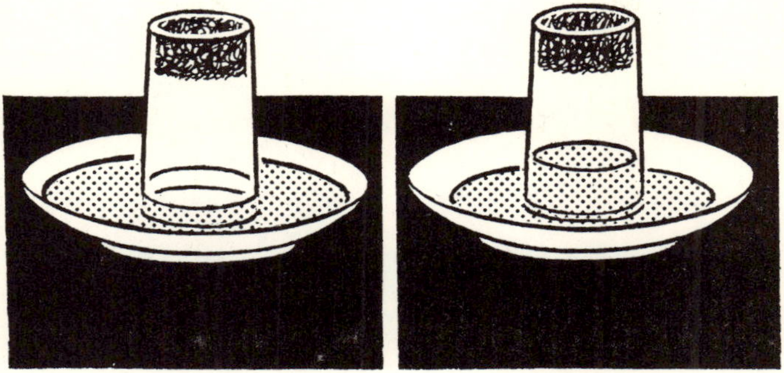

Drücke eine Handvoll feine Stahlwolle fest in ein Trinkglas und feuchte sie an. Stülpe das Glas über einen Teller mit Wasser. Zunächst verhindert die Luft im Glas ein Eindringen der Flüssigkeit. Doch bald wird der Wasserstand im Teller geringer, während er im Glas steigt.

Da die Luft zu etwa einem Fünftel aus Sauerstoff besteht, steigt das Wasser im Glas, bis es nach Stunden ein Fünftel des Rauminhaltes füllt. Übrigens wird bei dem Vorgang unmerklich Wärme frei.

Die Stahlwolle beginnt nach dem Befeuchten zu rosten, da sich das Eisen mit dem Sauerstoff der Luft verbindet. Man nennt diesen Vorgang Oxidation. (Nichtrostende Stahlwolle ist für diesen Versuch ungeeignet.)

Feuerlöscher

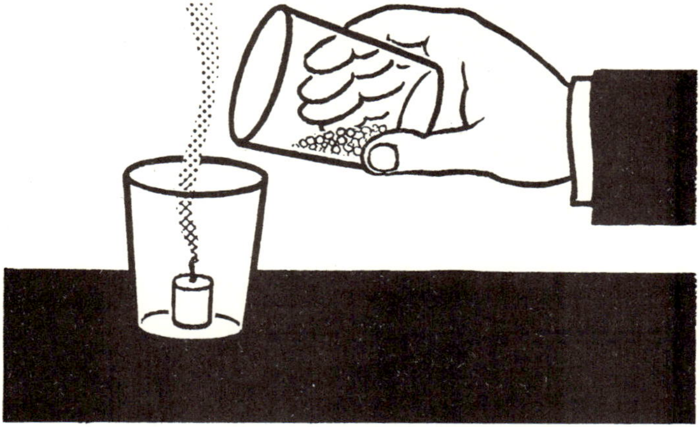

Stelle einen kleinen Kerzenstummel in ein Trinkglas und zünde ihn an. Gib in ein zweites Glas einen Teelöffel doppeltkohlensaures Natron und übergieße es mit etwas Essig. Das weiße Pulver beginnt zu schäumen, ein Zeichen dafür, daß ein Gas entweicht. Neigst du nun das Glas mit dem Schaum leicht über die Kerze, erlischt die Flamme. Bei dem chemischen Vorgang entweicht das unsichtbare Gas Kohlendioxid. Es ist schwerer als das Luftgemisch und füllt deshalb beim Kippen das untere Glas. Da es außerdem unbrennbar ist, erstickt es die Flamme.

Feuerlöscher funktionieren ähnlich: Der ausgespritzte Schaum besteht aus Bläschen, die Kohlendioxid enthalten. Sie umgeben die Flammen und verhindern die weitere Sauerstoffzufuhr. Das Feuer erstickt.

Elektrischer Strom

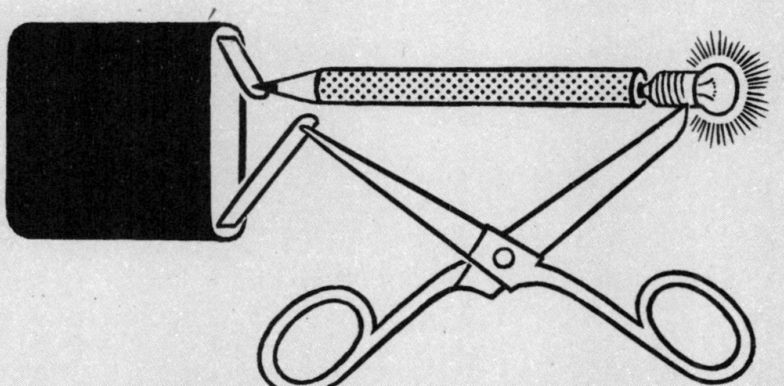

Kartoffelbatterie

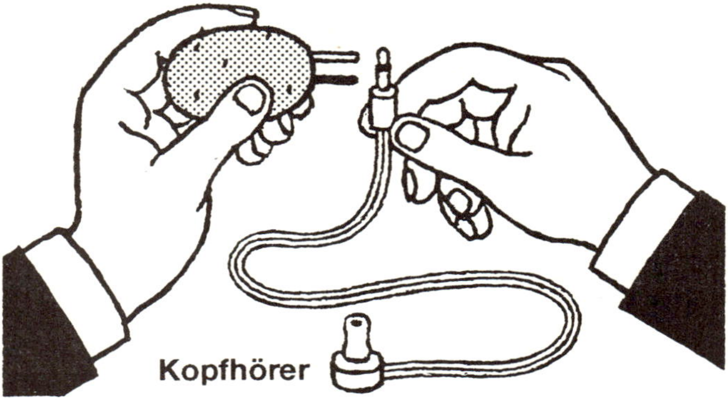

Stecke je einen fingerlangen Kupfer- und Zinkdraht in eine rohe Kartoffel. Hältst du einen Kopfhörer an die Drähte, läßt sich in ihm deutlich ein Knacken vernehmen.

Das Geräusch wird durch elektrischen Strom hervorgerufen. Ähnlich wie eine Taschenlampenbatterie erzeugen Kartoffel und Drähte elektrischen Strom, wenn auch nur sehr schwachen. In einem chemischen Vorgang wirkt der Saft der Kartoffel auf die Metalle ein. Dabei entsteht auch elektrische Energie.

Man spricht von einem galvanischen Element, weil der italienische Arzt Galvani 1789 als erster diesen Vorgang bei einem Experiment beobachtet hat.

Strom aus Metallen

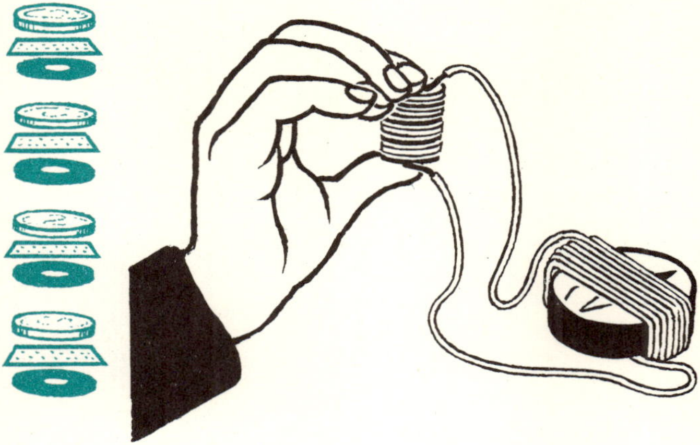

Lege mehrere blankgeputzte Zweipfennigstücke und gleich große Zinkscheiben abwechselnd übereinander, wobei du zwischen jedes Paar ein Stückchen Löschpapier, das in Salzwasser getränkt wurde, einfügst. Elektrische Energie wird frei, die du nachweisen kannst.

Wickle dünnen Kupferlackdraht etwa 50mal um einen Kompaß und halte je ein blankes Drahtende an die letzte Münze und Zinkscheibe. Der Strom bewirkt ein Ausschlagen der Magnetnadel.

Die Salzlösung greift die Metalle chemisch an. Als Folge fließt durch den Draht elektrischer Strom, der wiederum auf die Kompaßnadel magnetisch einwirkt.

Elektromagnet

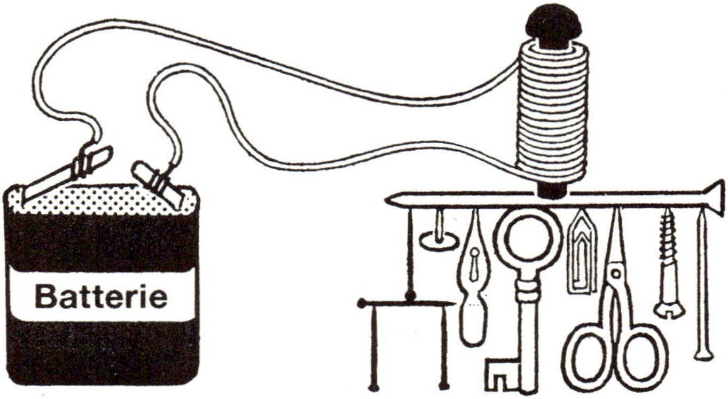

Wickle um einen fingerlangen Eisenbolzen eine Lage Klebefilm und darauf 1 bis 2 m isolierten dünnen Kupferdraht. Verbinde die blanken Drahtenden mit einer Batterie. Jetzt kann der Bolzen Gegenstände aus Eisen anziehen.

Der Strom erzeugt in der Spule ein magnetisches Kraftfeld. Die winzigen Magnetteilchen im Eisen ordnen sich, wodurch das Eisen einen magnetischen Nord- und Südpol erhält. Besteht der Bolzen aus weichem Eisen, verliert sich der Magnetismus nach dem Abschalten des Stroms. Ist er aber aus Stahl, behält er seine magnetische Kraft. Man kann auf diese Weise Gegenstände aus Stahl magnetisch machen.

Graphitleiter

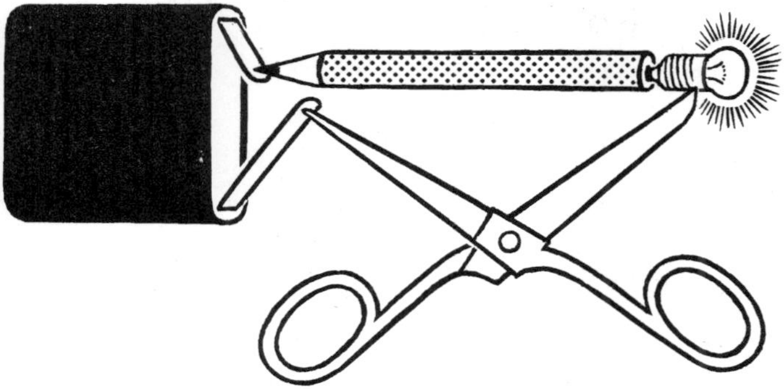

Verbinde eine Taschenlampenbirne mit einer Batterie, indem du mit einer Schere und einem Bleistift die Kontakte herstellst. Die Birne leuchtet hell auf.

Von der langen Zunge der Batterie, dem Minuspol, fließt der Strom durch das Metall der Schere zum Lämpchen. Die Elektronen, kleinste elektrische Teilchen, zwängen sich durch den feinen Glühdraht, bringen ihn dadurch zum Glühen und fließen durch die Graphitmine zur kurzen Zunge, dem Pluspol der Batterie. Graphit leitet gut; selbst durch einen Bleistiftstrich auf dem Papier fließt noch so viel Strom, daß du im Kopfhörer Geräusche wahrnehmen kannst.

Morseapparat

Nagle an das Brett A (10 x 10 cm) das Brett B und die Klötzchen C und D. Stecke einen 4 cm langen Eisenbolzen F durch das Bohrloch von B. Wickle um den Bolzen 100mal Kupferdraht G. Die Drahtenden schließt du an die Batterie bzw. an H an. Durchbohre Klotz C und keile dort ein Laubsägeblatt H fest ein, so daß dessen Ende in 2 mm Abstand vom Bolzen F lagert. Einen langen Nagel K schlägst du durch das Brett A und biegst ihn so um, daß die Spitze das Sägeblatt in der Mitte berührt. Öle die Nagelspitze. Als Taste dient eine Leiste E mit der Gummischlinge P als Federung und Reißstifte M und N als Kontakte. Mit Klingeldraht (entferne die Isolierung!) verbindest du alle Teile.

Drückst du auf die Taste, schließt sich der Stromkreis. Bolzen F wird magnetisch und zieht das Sägeblatt H an. In diesem Augenblick wird bei K der Stromkreis unterbrochen, und der Bolzen verliert die magnetische Kraft. H schnellt zurück und schließt den Strom-

Morse-Alphabet

A	• —
Ä	• — • —
B	— • • •
C	— • — •
CH	— — — —
D	— • •
E	•
F	• • — •
G	— — •
H	• • • •
I	• •
J	• — — —
K	— • —
L	• — • •
M	— —
N	— •
O	— — —
Ö	— — — •
P	• — — •
Q	— — • —
R	• — •
S	• • •
T	—
U	• • —
Ü	• • — —
V	• • • —
W	• — —
X	— • • —
Y	— • — —
Z	— — • •
1	• — — — —
2	• • — — —
3	• • • — —
4	• • • • —
5	• • • • •
6	— • • • •
7	— — • • •
8	— — — • •
9	— — — — •
0	— — — — —

kreis von neuem. Dieser Vorgang wiederholt sich so schnell, daß das Sägeblatt vibriert und ein kräftiges Summen erzeugt. Willst du über zwei Apparate das Morsealphabet durchgeben, mußt du drei Leitungen nach der unteren Schaltskizze verlegen.

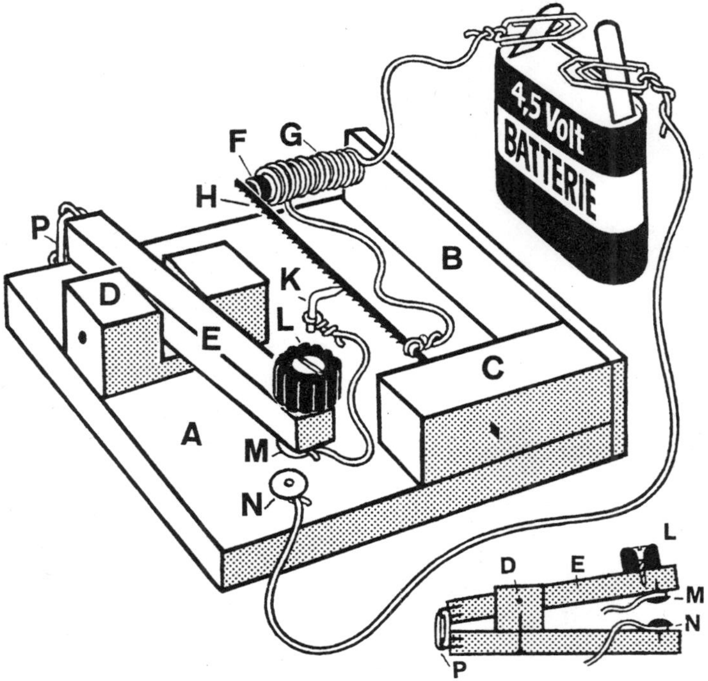

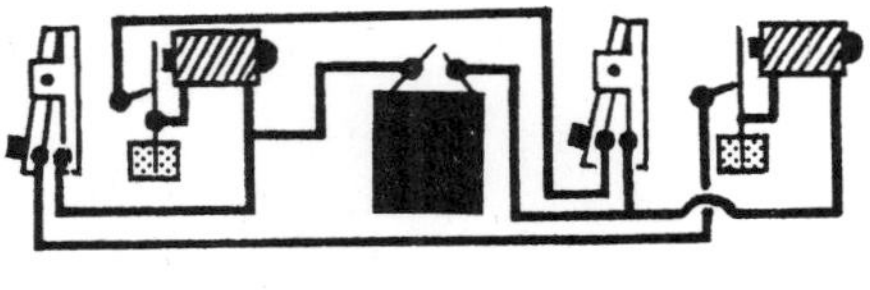

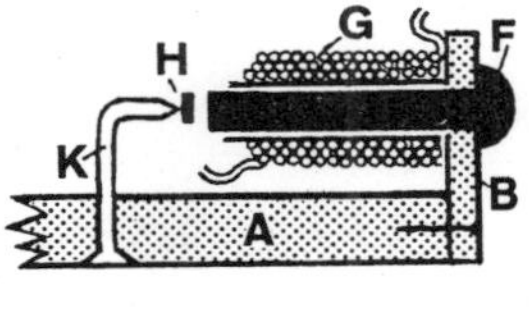

Mini-Mikrofon

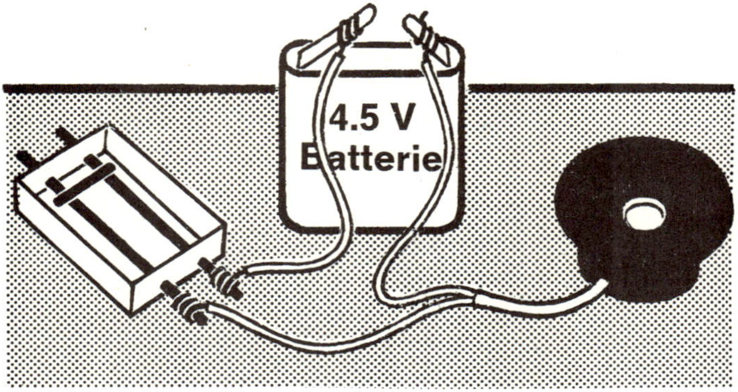

Stecke durch die Querwände einer Zündholzschachtel dicht über dem Boden zwei Bleistiftminen. Lege quer darüber eine kürzere Mine. Schabe alle Minen oben ab. Schließe am Mikrofon Klingeldraht an und verbinde es mit einer Batterie und einem Kopfhörer im Nachbarzimmer. (Du kannst auch den Kopfhörer von einem Transistorradio verwenden.) Halte die Schachtel waagerecht und sprich hinein. In der Muschel hört man deutlich deine Worte.

Der Strom fließt durch die Graphitstifte. Spricht man in die Schachtel, vibriert ihr Boden. Dadurch verändert sich der Druck zwischen den Minen, und der Strom fließt unregelmäßig. Die Stromschwankungen verursachen Schallschwingungen im Kopfhörer.

Statische Elektrizität

Pfeffer und Salz

Streue ein wenig grobkörniges Salz auf den Tisch und mische etwas gemahlenen Pfeffer dazu. Wie lassen sich die beiden Stoffe am einfachsten voneinander trennen? Reibe einen Plastiklöffel kräftig mit einem Wolltuch und nähere ihn dem kleinen Hügel. Die Pfefferkörnchen springen sofort zum Löffel hoch und bleiben daran haften.

Durch die Reibung mit dem Wolltuch wird der Plastiklöffel elektrostatisch aufgeladen und übt auf die ungeladenen Körnchen eine Anziehung aus. Da der Pfeffer leichter ist als Salz, springt er zuerst zum Löffel hoch. Um auch die Salzkörnchen aufzufangen, mußt du den Löffel etwas tiefer halten.

Einfaches Elektroskop

Durchbohre den Deckel eines Marmeladenglases, stecke einen hakenförmig gebogenen Kupferdraht hindurch und isoliere ihn vom Deckel durch Siegellack. Über den Haken hängst du einen gefalteten Streifen Alufolie. Bringst du nun einen durch Reibung an einem Wolltuch elektrisch geladenen Füllhalter oder Kamm an den Draht, spreizen sich die Streifen auseinander.

Bei der Berührung mit einem aufgeladenen Gegenstand fließen die Elektronen durch den Draht in die Streifenenden. Beide Streifen haben jetzt die gleiche Ladung und stoßen einander je nach Ladungsstärke mehr oder weniger stark ab.

Elektrisches Ballspiel

Befestige eine aus Alufolie geformte Fußballspielerfigur am Rand einer ausgedienten Schallplatte. Reibe diese kräftig mit einem Wolltuch und lege sie dann auf ein trockenes Glas. Stelle etwa 5 cm vor der Figur eine Blechbüchse auf. Hältst du nun einen kleinen Ball aus Aluminiumfolie an einem Faden dazwischen, schießt er mehrmals von der Figur zur Dose und zurück.

Die elektrische Ladung der Schallplatte fließt in die Aluminiumfolie der Figur und zieht den Ball an. Er lädt sich auf, wird jedoch wegen der gleichen Ladung sofort abgestoßen, springt zur Dose und verliert dort seine Elektrizität. Dieser Vorgang wiederholt sich mehrmals in rascher Folge.

Tanz der Papier-Püppchen

Lege über zwei Bücher und ein Metalltablett eine Glasscheibe und schneide aus Seidenpapier 3 cm große Püppchen. Reibst du mit einem Seidentuch über das Glas, beginnen die Figuren darunter lustig zu tanzen. Sie stellen sich auf, drehen sich im Kreis, fallen wieder um und springen von neuem empor.

Durch die Reibung mit dem Seidentuch wird die Scheibe elektrisch aufgeladen, sie zieht die Püppchen an, und auch sie werden geladen. Da gleiche Ladungen einander abstoßen, fallen die Püppchen auf den Teller zurück, geben ihre Ladung an das Metall ab und werden von neuem angezogen.

Kleiner Blitz

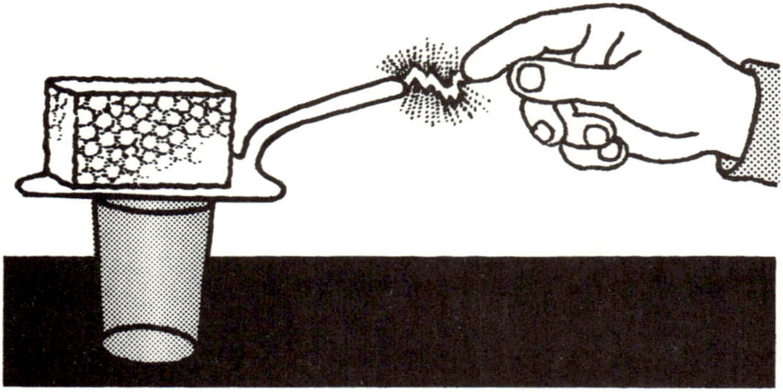

Lege auf ein trockenes Glas einen Tortenheber aus Metall und darauf ein Stück Styropor, das du zuvor mit deinem Wollpullover kräftig gerieben hast. Näherst du einen Finger dem Tortenhebergriff, zuckt ein winziger Blitz.

Durch das Reiben hat das Styropor aus der Wolle negative elektrische Teilchen aufgenommen. Da gleiche Ladungen einander abstoßen, sammeln sich nun die im Metall des Tortenhebers befindlichen elektrischen Teilchen in der Spitze seines Griffs. Von dort erfolgt der Spannungsausgleich zum Finger. Der Blitz hat einige tausend Volt Spannung und doch ist er wegen der sehr geringen Strommenge absolut ungefährlich.

Magnetismus

Magnetkraft der Erde

Halte einen Stab aus weichem Eisen schräg gegen den Boden in Richtung Norden und hämmere mehrmals auf das Eisen. Der Stab wird dadurch ein wenig magnetisch.

Die Erde ist von magnetischen Kraftlinien umgeben. Bei uns treffen sie im Winkel von 65° auf die Erde. Beeinflußt durch die magnetischen Kraftlinien der Erde richten sich die Magnetteilchen im Eisen bei Erschütterung nach Norden hin aus. Das ist übrigens auch die Erklärung für das Rätsel, warum eiserne Werkzeuge manchmal von selbst magnetisch werden. Hältst du deinen magnetisierten Stab in Ost-West-Richtung und schlägst du auf ihn, verliert sich die magnetische Kraft wieder.

Magnettest

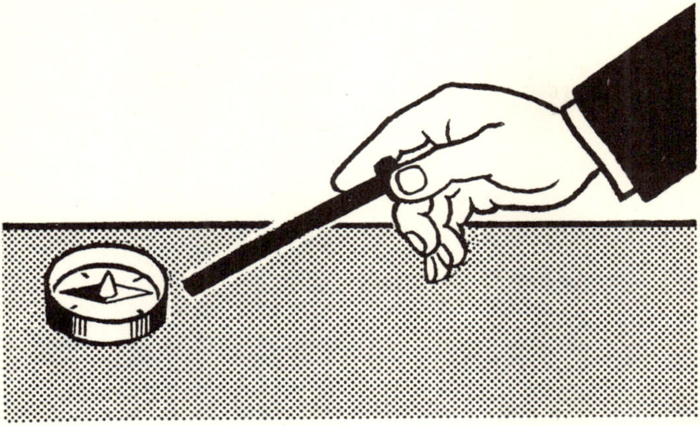

Viele Gegenstände aus Eisen oder Stahl sind magnetisch, ohne daß man es ahnt. Mit einem Kompaß kannst du jeden Magnetismus aufspüren, selbst wenn er nur sehr schwach ist.

Ist nun ein Stab magnetisch, dann muß er, genau wie die Magnetnadel, einen Nord- und einen Südpol haben. Da sich zwei ungleichnamige Pole anziehen und zwei gleichnamige abstoßen, wird ein Nadelpol vom Stabende angezogen und der andere abgestoßen. Ist der Stab jedoch nicht magnetisch, richten sich beide Nadelpole in gleicher Weise auf ein Stabende aus.

Kraftlinienbild

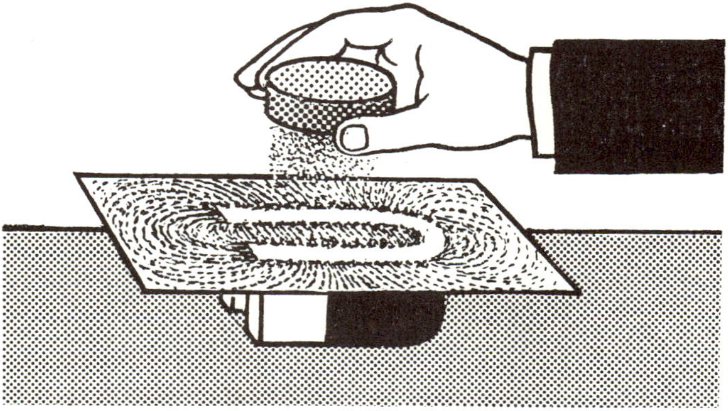

Lege ein Blatt Zeichenkarton über einen Magneten – übrigens weißt du ja schon, wie du einen Magneten selbst herstellen kannst – und streue Eisenspäne, die beim Feilen abfallen, darauf. Klopfe leicht gegen den Karton, und ein Bild entsteht. Die Späne ordnen sich zu bogenförmigen Linien und zeigen die Richtung der magnetischen Wirkung an.

Dieses Kraftlinienbild kannst du haltbar machen. Tauche den Karton zuerst in das flüssige Wachs einer Kerze und lasse es erkalten. Streue dann die Eisenspäne darauf. Hältst du nach der Entstehung der magnetischen Kraftlinien ein heißes Bügeleisen nahe über das Blatt, wird das Bild fixiert.

Magnetische Enten

Schneide aus Papier zwei Enten aus und stecke in jede eine magnetisierte Stahlstecknadel. Setze die Figuren auf Korkscheiben in einen Teller mit Wasser. Nach anfänglichen bogenförmigen Bewegungen stellen sie sich dann mit den Schnäbeln oder den Schwanzspitzen zueinander in Nord-Süd-Richtung.

Die Enten nähern sich gegenseitig entlang den magnetischen Feldlinien. Ihre Bewegung verursachen verschiedene Kräfte: die Anziehung der ungleichnamigen Magnetpole, die abstoßende Wirkung gleichnamiger Magnetpole und der Erdmagnetismus. Setze die Magnete so ein, daß in den Schnäbeln zwei einander anziehende Pole stecken.

Luft

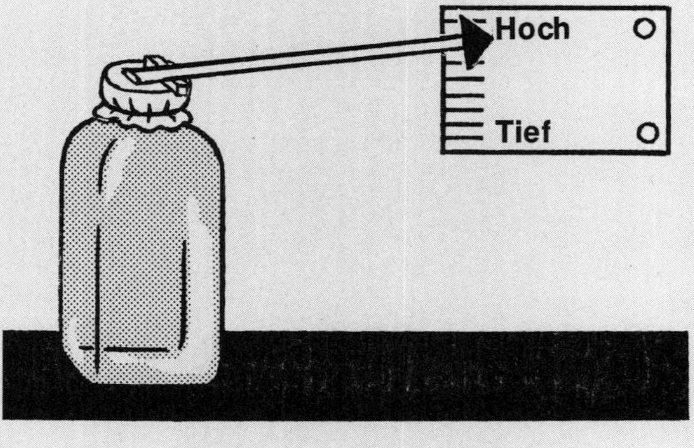

Luftlast auf dem Papier

Lege einen Zigarrenkistendeckel der Länge nach über die Kante einer ebenen Tischplatte. Breite einen unbeschädigten Bogen Zeitungspapier darüber, glätte ihn und drücke ihn fest an das Brett und die Tischplatte. Schlage kräftig mit der Faust auf den überstehenden Deckel. Er bricht ab, ohne daß das Papier hochschnellt.

Beim Schlag wird das Brett nur leicht verkantet. In den Raum, der sich zwischen Brett, Zeitung und Tischplatte bildet, kann die Luft nicht schnell genug nachströmen. Dadurch entsteht hier ein Unterdruck, und der normale Luftdruck von oben hält das Brett wie in einer Schraubzwinge fest.

Bernoullis Gesetz

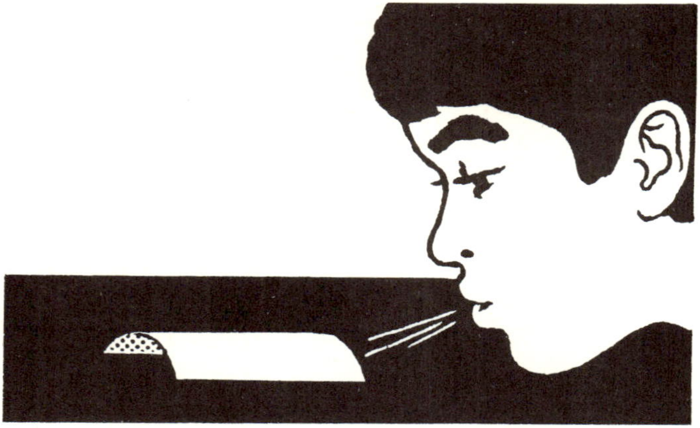

Lege eine der Länge nach gebogene Postkarte auf den Tisch. Du glaubst sicherlich, die Karte leicht umwenden zu können, wenn du kräftig darunterpustest. Probiere es! Wie sehr du dich auch anstrengst, die Karte hebt sich nicht vom Tisch. Im Gegenteil, sie schmiegt sich fester an die Platte.

Im Luftstrom unter der Karte entsteht ein Unterdruck, und der normale Luftdruck preßt die Karte von oben auf die Unterlage. Daniel Bernoulli, ein Schweizer Wissenschaftler des 18. Jahrhunderts, hatte festgestellt, daß der Druck eines Gases bei zunehmender Geschwindigkeit geringer wird. Heute sind seine Erkenntnisse vor allem bei der Konstruktion von schnellen Autos von Bedeutung.

Spannkraft der Luft

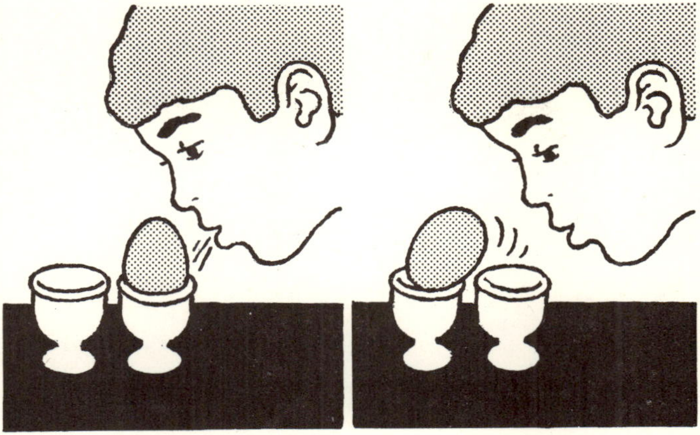

Stelle zwei Eierbecher aus Porzellan direkt hintereinander auf und stecke in den vorderen ein Hühnerei. Hole nun tief Luft und blase kräftig ziemlich senkrecht auf den Rand des gefüllten Bechers. Das Ei schießt empor und kippt kopfüber in den hinteren Becher.

Da die Eierschale meist etwas rauh und der Porzellanrand selten genau kreisrund ist, bleibt da ein Spalt, durch den die Luft in den Hohlraum unter dem Ei strömen kann. Dort wird sie zusammengepreßt, und wenn ihre Spannkraft groß genug ist, wird das Ei – einem Luftkissenfahrzeug ähnlich – emporgehoben.

Flaschenbarometer

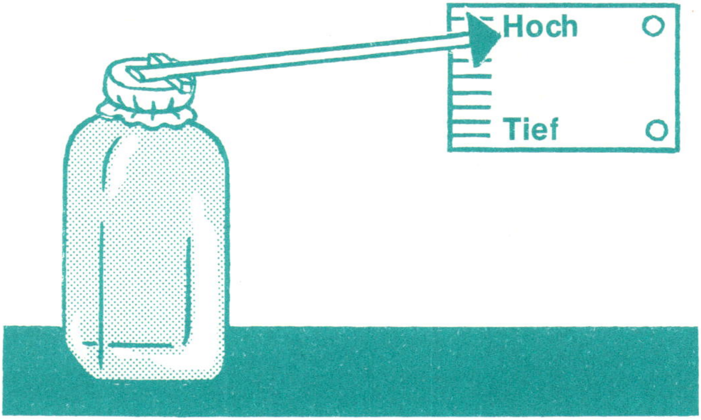

Spanne über die Öffnung einer Sprudelflasche ein Stück Luftballonhaut, klebe einen Strohhalm darauf und klemme unter den Halm ein Streichholz. Ein Barometer ist fertig. Stelle es an einen schattigen Platz mit gleichbleibender Temperatur und befestige eine Skala daran.

Mit dem täglich wechselnden Luftdruck bewegt sich das Strohhalmende auf und ab. Wird der Luftdruck bei schönem Wetter stärker, preßt er die Gummihaut nach innen, und das Zeigerende hebt sich. Nimmt der Luftdruck ab, läßt der Druck auf die Gummihaut nach, der Zeiger fällt. Ganz ähnlich wird bei einem Barometer die Bewegung der Membrane in einer luftleeren Dose über Hebel und Rädchen auf einen Zeiger übertragen.

Schuß nach hinten

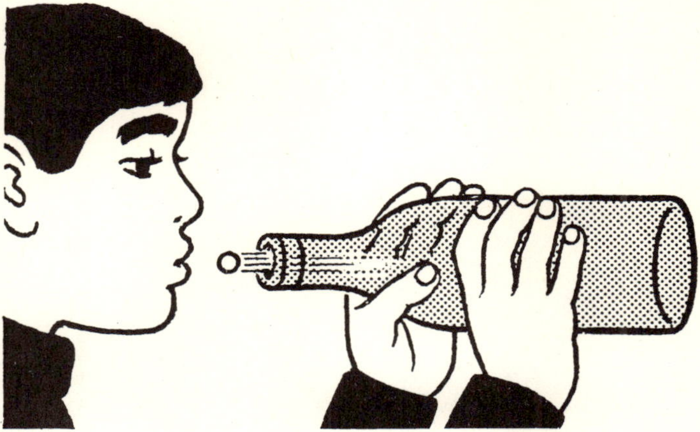

Halte eine leere Flasche waagerecht und lege ein kleines Papierkügelchen in die Flaschenöffnung. Versuche, die Kugel durch Pusten in die Flasche zu befördern. Das Papierkügelchen fliegt statt in den Bauch der Flasche mitten in dein Gesicht.

Durch das Pusten entsteht in der Flasche ein erhöhter Luftdruck, und gleichzeitig bildet sich vor dem Flaschenhals ein Unterdruck. Es kommt zum Druckausgleich, wobei das Kügelchen wie aus einem Luftgewehr herausgetrieben wird.

Sturmsichere Münze

Drücke drei Stecknadeln in die Mitte einer Holzplatte und lege ein Markstück auf die Nadelköpfe. Niemandem, der das Experiment nicht kennt, gelingt es, die Münze von dem Dreifuß herunterzupusten.

Der Luftstoß kann das Metall an den schmalen, glatten Rändern nicht fassen. Er schießt unter der Münze hindurch und vermindert den Luftdruck, wodurch sie noch fester auf die Nadeln gedrückt wird. Legst du aber dein Kinn auf die Holzplatte vor das Geldstück und pustest mit weit vorgeschobener Unterlippe, dann trifft der Luftstrom direkt auf die Unterseite der Münze und hebt sie ab.

Streichholzlift

Einige Streichhölzer, die nebeneinander auf dem Tisch liegen, sollen mit der Atemluft in die Schachtel befördert werden. Wie läßt sich das machen?

Nimm die Hülse der Schachtel zwischen die Lippen, senke sie auf die Streichhölzer und hole tief Luft! Die Hölzer haften einen Augenblick wie angeklebt an der Hülse, lassen sich anheben und forttragen.

Durch das Atemholen wird die Luft in der Hülse verdünnt. Es entsteht ein Unterdruck, und der normale Luftdruck preßt die Streichhölzer von unten gegen die Öffnung. Selbst ein einzelnes Hölzchen läßt sich auf diese Weise anheben, wenn man die Luft scharf einzieht.

Preßluftrakete

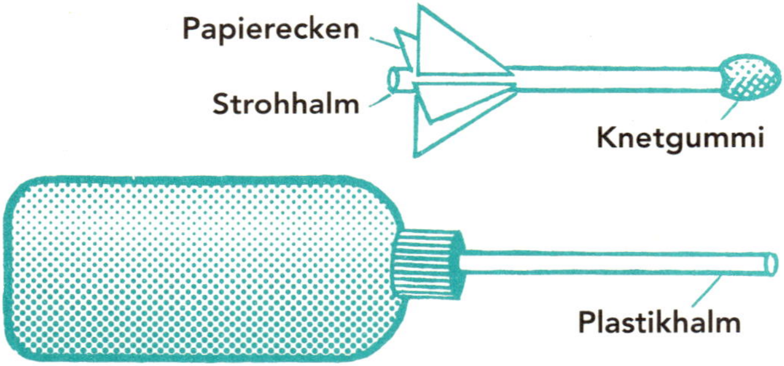

Stecke in die durchbohrte Kappe einer Weichplastikflasche einen dünnen Trinkhalm aus Plastik und dichte die Fugen mit Kleber ab. Aus einem dicken Trinkhalm, der leicht über den dünnen gleiten muß, fertigst du eine 10 cm lange Rakete. Klebe als Leitwerk bunte Papierecken an und forme die Spitze aus Plastilin. Das Plastikröhrchen schiebst du so weit in die Rakete, bis seine Spitze leicht im Plastilin steckt. Drückst du nun kräftig auf die Flasche, fliegt die Rakete bis zu 10 m weit.

Die in der Flasche zusammengepreßte Luft drückt den Plastilinpfropfen vom Röhrchen. Die Luft entweicht durch den Raketenstrohhalm und drückt die Rakete von der Basis.

Wärme, Kälte, Eis

Buddelthermometer

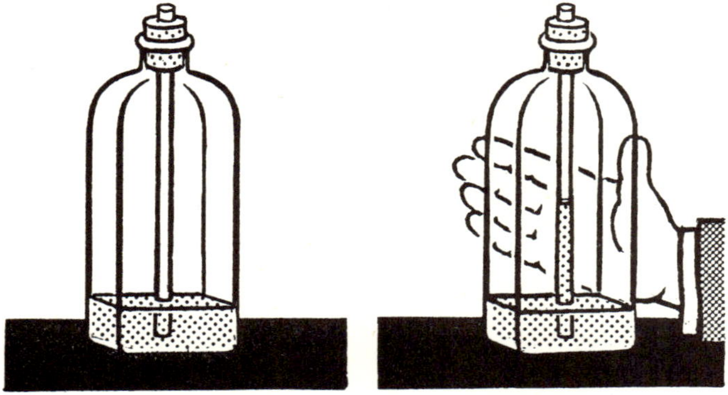

Gieße etwas gefärbtes Wasser in eine Vierkantflasche, die mit einem Korken verschlossen werden kann. Durchbohre den Korken und schiebe einen Trinkhalm so weit hindurch, daß er in die Flüssigkeit ragt. Dichte den Korken mit Klebstoff ab. Legst du deine Hand an die Flasche, steigt das Wasser im Röhrchen empor.

Die eingeschlossene Luft dehnt sich bei Erwärmung aus, weil ihre Moleküle schneller und heftiger gegeneinanderprallen. Sie drückt auf den Wasserspiegel und drängt das Wasser in das Röhrchen, wobei der Wasserstand den Grad der Erwärmung anzeigt. Du kannst von einem Zimmerthermometer die Skala abzeichnen und die Zeichnung an der Flaschenwand anbringen. Dein Buddelthermometer zeigt dir nun die Wärmegrade an.

Flaschengeist

Eine leere Weinflasche, die an einem kühlen Ort aufbewahrt wurde, hat es in sich! Befeuchte die Ränder der Öffnung mit Wasser und decke die Öffnung mit einer Münze zu. Lege deine Hände um den Flaschenbauch. Plötzlich wird das Geldstück wie von Geisterhand bewegt.

Die kalte Luft in der Flasche wird durch die Hände erwärmt und dehnt sich aus. Sie kann aber nicht entweichen, weil das Wasser zwischen Flaschenrand und Münze den Austritt verhindert. Immer, wenn der Druck groß genug ist, wirkt die Münze wie ein Ventil, sie hebt sich und läßt die warme Luft herausströmen.

Doppeltes Glas

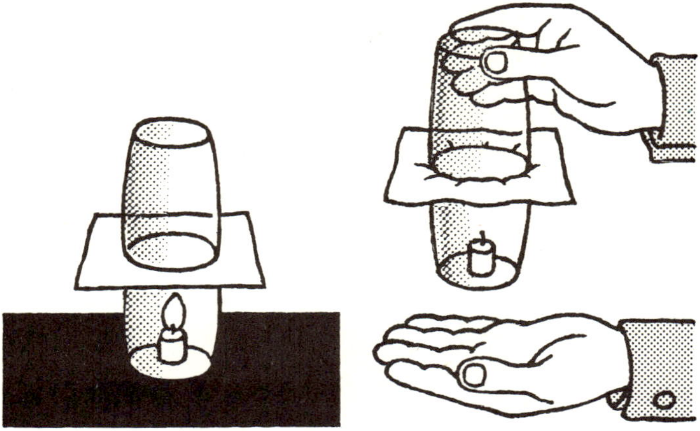

Zünde in einem leeren Wasserglas einen kleinen Kerzenstummel an, lege ein nasses Löschblatt über die Öffnung und stülpe ein zweites, gleich großes Glas darauf. Nach wenigen Sekunden erlischt die Flamme, und beim Anheben haften die beiden Gläser aneinander.

Da das Löschpapier luftdurchlässig ist, brennt die Flamme so lange, bis der Sauerstoff in beiden Gläsern verbraucht ist. Dabei strömt ein Teil der Gase, die sich erhitzt und ausgedehnt haben, aus. Nach dem Verlöschen der Flamme kühlen sich die Gase rasch ab und ziehen sich zusammen. Dadurch entsteht in den Gläsern ein Unterdruck. Der Luftdruck von außen preßt sie zusammen.

Münze im Wasser

Gieße etwas Wasser in einen Teller und lege eine Münze hinein. Wie kann man sie herausholen, ohne ins Wasser zu greifen oder es auszugießen?

Stecke ein angezündetes Stück Papier in ein Trinkglas und stülpe es neben die Münze auf den Teller. Das Wasser im Glas steigt und gibt die Münze frei.

Beim Verbrennen des Papiers entweicht ein Teil der erhitzten, sich ausdehnenden Luft aus dem Glas. Aus Sauerstoffmangel erlischt die Flamme, und die Gase im Glas kühlen ab. Ihr Druck verringert sich. Die Luft von außen will nachströmen und drückt das Wasser in das Glas.

Ungleiche Wärmeleiter

Stelle in ein Teeglas einen Teelöffel aus Stahl, einen aus Silber, einen Eierlöffel aus Plastik sowie ein Rührstäbchen aus Glas. Befestige an den Stielen jeweils in gleicher Höhe mit einem kleinen Butterklecks eine trockene Erbse. In welcher Reihenfolge fallen die Erbsen ab, wenn man in das Glas heißes Wasser gießt?

Die Butter am Silberlöffel schmilzt sehr schnell und läßt die Erbse zuerst los. Es folgen die Erbsen vom Stahllöffel und vom Glasstäbchen, während sich beim Plastiklöffel nichts rührt.

Silber ist der weitaus beste Wärmeleiter, den es gibt, Plastik hingegen leitet Wärme kaum. Deshalb bestehen zum Beispiel die Griffe von Kochtöpfen und Bügeleisen aus Plastik.

Gedehntes Metall

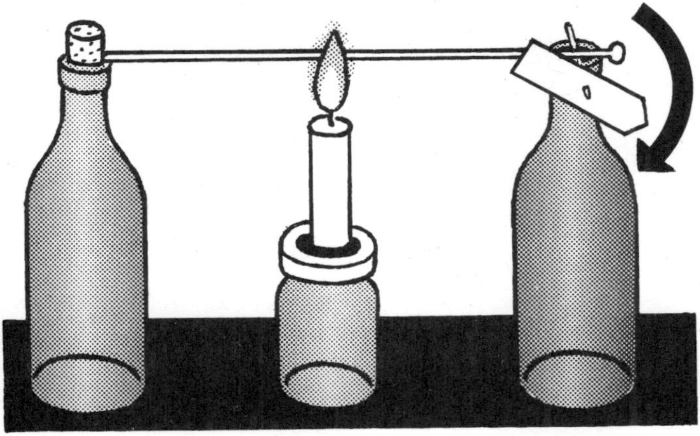

Stecke seitlich in den Korken einer Flasche eine lange Aluminium-Stricknadel und lasse ihr anderes Ende über die Öffnung einer zweiten Flasche ragen. Klebe einen Papierpfeil auf einer Nähnadel fest und klemme diese zwischen Flaschenhals und Stricknadel. Stelle schließlich eine Kerze dicht unter der Mitte der Stricknadel auf. Steckst du sie an, dreht sich der Pfeil beachtlich schnell und weit rechts herum.

Die Stricknadel dehnt sich infolge der Erwärmung aus, weil sich die Bewegung ihrer Aluminium-Atome und deren Abstand zueinander vergrößern. Bei einer gleich langen Nadel aus Stahl wäre der Ausschlag des Pfeils geringer, denn Stahl dehnt sich durch Wärme nur halb soviel aus wie Aluminium.

Gesprengter Stein

Im Winter kannst du ohne weitere Hilfsmittel dicke Steine sprengen. Suche draußen einen Feuerstein, der gut durchgefroren ist, und übergieße ihn mit kochendem Wasser. Mit lautem Knallen und Knacken birst er auseinander.

Die Sprengwirkung beruht darauf, daß die äußeren Schichten des Steins sich schneller erwärmen und ausdehnen als der Kern. Die auftretenden Spannungen lassen den Stein dann auseinanderplatzen. Auf gleiche Weise können dickwandige Gläser springen, in die man heiße Flüssigkeiten gießt. Glas leitet Wärme schlecht, und daher dehnen sich die Glasschichten verschieden stark aus.

Versuche mit Flüssigkeiten

Wasserberg

Fülle ein trockenes Glas ganz mit Leitungswasser, ohne daß etwas überläuft. Lasse behutsam Münzen in das Glas gleiten, eine nach der anderen, und beobachte, wie sich der Wasserspiegel verändert.

Es ist verblüffend, wie viele Geldstücke du hineinwerfen kannst, ohne daß Wasser überschwappt: Es formt sich ein Wasserberg. Dieser wird von der Oberflächenspannung gehalten, die durch die Anziehungskraft zwischen den Wassermolekülen bewirkt wird. Schließlich kann man noch den Inhalt eines Salzstreuers langsam ins Glas schütten. Das Salz löst sich auf und verteilt sich zwischen den Wassermolekülen, ohne daß der Wasserberg abläuft.

Schwimmendes Metall

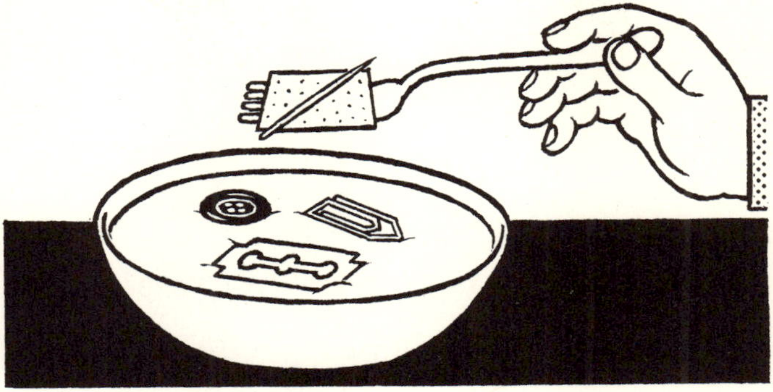

Fülle eine Schüssel mit Leitungswasser. Lege kleine Metallgegenstände auf Löschpapierschnipsel und bringe sie mit einer Gabel vorsichtig in das Gefäß. Nach einer Weile sinkt das vollgesogene Löschpapier auf den Grund, die metallenen Körper schwimmen jedoch weiter.

Da die Metallgegenstände schwerer als Wasser sind, müßten sie eigentlich ebenfalls zu Boden sinken. Sie werden aber von einer feinen Wasserhaut getragen, die sich dadurch bildet, daß sich die Wassermoleküle an der Oberfläche gegenseitig stärker anziehen als im Inneren der Flüssigkeit. Durch einen kleinen Seifentupfer wird die Oberflächenspannung zerstört und der Schwimmversuch beendet.

Beerentanz

Fülle ein hohes Trinkglas mit sprudelndem Mineralwasser und lege eine oder mehrere Weintrauben hinein. Die Beeren sinken zuerst zum Boden des Glases, beginnen aber sogleich auf und ab zu tanzen und sich zu drehen.

Das Gas, das im Mineralwasser gelöst ist und im Glas sprudelnd entweicht, ist Kohlendioxid. Es sammelt sich in zahlreichen Bläschen auf den Beeren, bis diese genügend Auftrieb haben und aufsteigen. An der Wasseroberfläche zerplatzen die Gasbläschen, die Beeren sinken hinab, und das Spiel beginnt von neuem.

Das archimedische Prinzip

Fülle ein Gefäß bis zum Rand mit Wasser und wiege es. Setze dann auf das Wasser einen Holzklotz. Dabei läuft ein Teil der Flüssigkeit über den Rand ab. Prüfe nun, ob sich das Gewicht des Wassergefäßes verändert hat.

Das Gewicht ist gleichgeblieben. Das über das Gefäß gelaufene Wasser wiegt genausoviel wie der ganze Holzklotz. Der berühmte Mathematiker Archimedes fand um 250 v. Chr. heraus, daß das Gewicht eines schwimmenden Körpers gleich dem Gewicht der Flüssigkeitsmenge ist, die er verdrängt. Er taucht also so weit ein, bis sein Gewicht durch den Auftrieb ausgeglichen ist.

Faustmessen

Stelle ein Gefäß mit Wasser auf eine Waage und notiere dir das Gewicht. Tauche deine Faust ein, ohne das Gefäß zu berühren und Wasser überlaufen zu lassen. Anhand des Gewichtsunterschiedes kannst du nun den Rauminhalt deiner Faust bestimmen.

Die Waage zeigt um soviel mehr an, wie die von der Faust verdrängte Wassermenge wiegt. Da aber 1 l Wasser bei einer Temperatur von 4° C genau 1000 g wiegt, entspricht 1 g 1 cm^3 Wasser. Zeigt sich also beim Eintauchen eine Gewichtszunahme von 300 g, so hat die Faust einen Rauminhalt von 300 cm^3.

Eier im Wasser

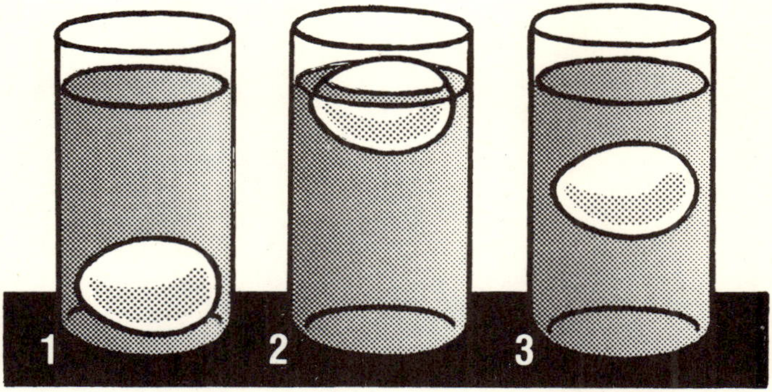

Fülle drei Einmachgläser mit Wasser und lege in jedes ein Ei. Zur Überraschung schwimmen die Eier in jeweils unterschiedlichen Höhen. Wie ist das zu erklären?

In Glas 1, das Leitungswasser enthält, sinkt das Ei ganz normal zu Boden. Im Wasser von Glas 2 sind etwa zwei Eßlöffel Kochsalz aufgelöst. Das Ei schwimmt an der Oberfläche, weil es leichter als das Salzwasser ist. In Glas 3 besteht nur die untere Hälfte aus Salzwasser, die obere aus Leitungswasser, das du mit Hilfe eines Soßenlöffels vorsichtig aufgefüllt hast. Das Ei schwebt hier in der Mitte: Es sinkt zwar im Leitungswasser, schwimmt aber auf dem Salzwasser.

Mini-U-Boot

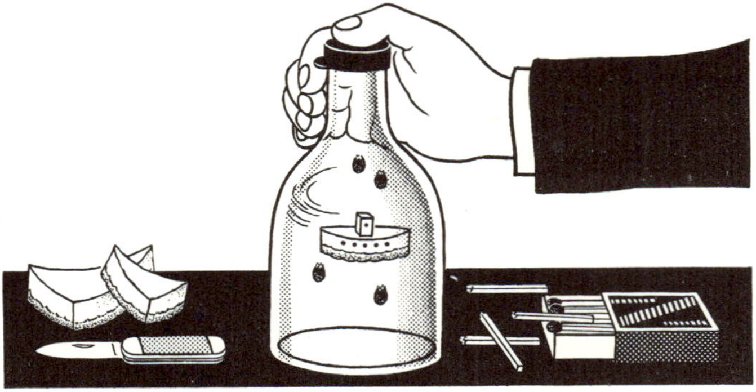

Schneide aus dicker Apfelsinenschale ein etwa 3 cm langes U-Boot, füge einen Turm ein und bemale es mit wasserfesten Filzstiften. Fülle eine Flasche bis an den Rand mit Wasser, stecke das Schiffchen hinein und verschließe die Flasche mit einer Gummikappe. Drückst du nun auf die Kappe, geht das Schiff auf Tauchstation. Je nach Stärke des Fingerdrucks taucht es auf und unter oder schwebt frei im Wasser. Winzige Luftbläschen in der durchlässigen Apfelsinenschale bewirken, daß sie schwimmt. Durch den Druck des Fingers, der vom Wasser weitergeleitet wird, werden die Bläschen ein wenig zusammengedrückt. Dadurch wird ihr Auftrieb geringer, und das U-Boot taucht in die Tiefe. Es schwimmt waagerecht, weil der orangefarbene Teil der Schale schwerer als der weiße ist.

Auftrieb des Alkohols

Fülle ein Schnapsglas bis zum Rand mit Weinbrand und ein zweites, gleich großes Glas mit Wasser. Lege eine Karte über das Glas mit Wasser und stülpe es kopfüber auf das Glas mit Weinbrand. Verschiebe die Karte so, daß sich am Rand der Gläser beide Flüssigkeiten vereinen können. In kurzer Zeit ist der Weinbrand in das obere Glas und das Wasser ins untere gewechselt.

Da die Alkoholmenge leichter als die Wassermenge ist, zieht der Weinbrand nach oben. Wenn die beiden Flüssigkeiten aneinander vorbeiströmen, tritt nur eine ganz minimale Vermischung ein.

Seerose

Schneide aus glattem Schreibpapier eine blütenförmige Figur, male ihre Oberfläche mit Buntstiften an und falte die Blätter fest nach innen. Legst du die Rose aufs Wasser, kannst du das Öffnen der Blütenblätter im Zeitlupentempo beobachten.

Das Papier besteht zum größten Teil aus pflanzlichen Fasern, die wie hauchfeine Schläuche gebildet sind. In diesen sogenannten Kapillarröhrchen steigt das Wasser durch die Anziehungskräfte zwischen den Molekülen empor. Das Papier quillt auf, und ähnlich wie die Blätter einer welken Pflanze, die man ins Wasser stellt, richten sich die Zacken der künstlichen Rose auf.

Schwerpunkt und Schwerkraft

Verhexter Karton

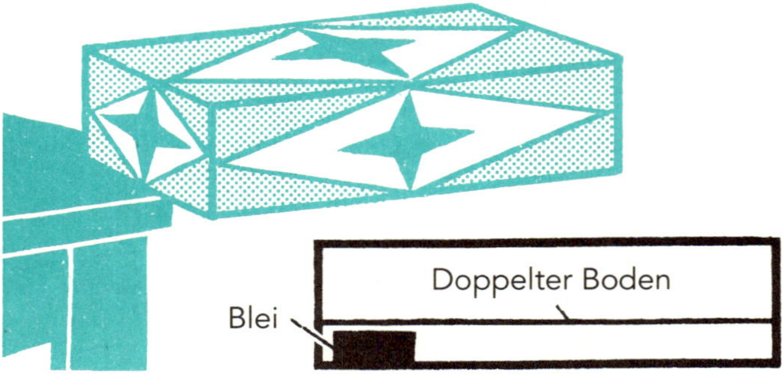

Klebe in einen länglichen Karton aus dünner Pappe einen doppelten Boden und verbirg im unteren Raum ein Bleigewicht. Du kannst den Karton immer auf der Ecke balancieren lassen, in der das Bleistück liegt.

Jeder Körper hat einen Schwerpunkt, um den seine Masse durch die Schwerkraft im Gleichgewicht gehalten wird. In einem so regelmäßig geformten Körper wie einem Karton liegt der Schwerpunkt genau in seiner geometrischen Mitte. Dein Karton müßte also eigentlich herunterfallen, wenn du ihn mit einer Ecke auf die Tischkante stellst. Das Bleigewicht verhindert das, denn es verlagert den Schwerpunkt über die Tischkante.

Kerzenwippe

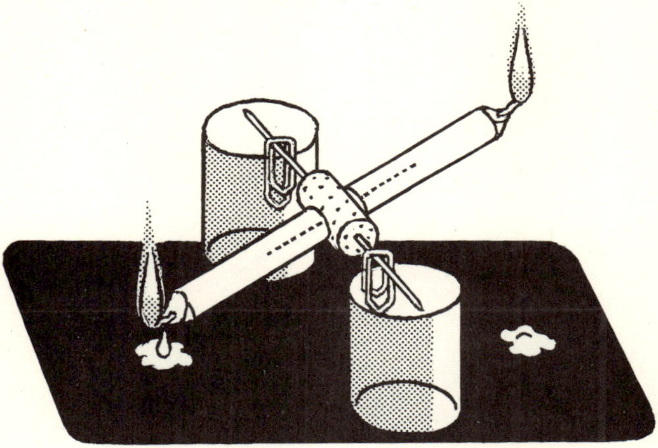

Bohre eine Stricknadel der Länge nach durch die Mitte eines Flaschenkorkens, stecke quer dazu eine Stopfnadel hindurch und setze auf deren Enden je eine kleine Kerze. Baue nun diese Wippe auf einem Tablett über zwei Gläsern auf und sichere sie mit Büroklammern am Rand der Gläser. Sie beginnt zu schaukeln, sobald du die Kerzen anzündest.

Anfangs liegt der Schwerpunkt der Wippe genau auf ihrer Achse, so daß beide Kerzen im Gleichgewicht sind. Sobald aber an einem Ende ein Wachstropfen fällt, verlagert sich der Schwerpunkt zur anderen Seite, die nun Übergewicht bekommt und von der Flamme stärker erhitzt wird. Die Kerzen tropfen abwechselnd, und der Schwerpunkt wandert von einer Seite auf die andere.

Gleichgewichtsakrobat

Pause die Clownfigur auf Schreibpapier ab, schneide sie zweimal aus und klebe beide Teile zusammen. Klebe dabei zwei Pfennigstücke unsichtbar in die Hände und male die Vorder- und Rückseite der Figur lustig an. Auf einer Bleistiftspitze, auf dem Finger oder als Seiltänzer auf einem Faden, überall balanciert unser kleiner Papierclown. Seine Kunststücke sind erstaunlich. Eigentlich müßte die Figur doch umfallen!

Das Gewicht der eingeklebten Pfennigstücke bewirkt, daß sich der Schwerpunkt der Figur unter seine Nase verlagert. Dadurch bleibt die Figur im Gleichgewicht.

Zum Abpausen

Balancierstab

Lege einen Stab über die Zeigefinger der rechten und der linken Hand und lasse ein Ende weiter hinausragen als das andere. Wird das längere Ende Übergewicht bekommen, wenn du jetzt deine Finger weiter zur Mitte hin schiebst?

Der Stab bleibt im Gleichgewicht, wie auch immer du die Finger bewegst. Hat ein Ende Übergewicht, lastet es stärker auf dem betreffenden Finger. Der weniger belastete Finger kann jetzt weiter vorrücken, bis das Gleichgewicht wiederhergestellt ist. Durch das wechselseitige Zusammenwirken von Schwerkraft und Reibung kann sich der Vorgang so lange wiederholen, bis sich die Finger genau unter der Mitte des Stabes treffen.

Rätselhaftes Gleichgewicht

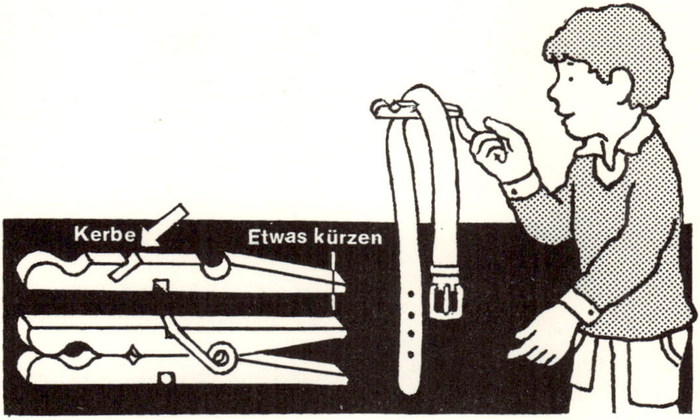

Ein Hölzchen von einer Wäscheklammer mit einem darübergelegten Ledergürtel pendelt waagerecht von deiner Fingerspitze. Es fällt nichts herunter, und die Schwerkraft scheint ausgeschaltet zu sein. Das Geheimnis ist eine 3 mm breite Kerbe, die du wie auf der Zeichnung schräg in das Hölzchen sägst. Außerdem mußt du das spitze Ende etwas kürzen. In der Kerbe wird ein Gürtel aus steifem Leder in seiner Mitte festgeklemmt.

Legst du nun das Hölzchen mit seinem spitzen Ende auf die Fingerspitze, biegen sich die herabhängenden Enden des Gürtels wegen seiner schrägen Befestigung unmerklich zurück, so daß sich der Schwerpunkt des ganzen Gebildes unter den Finger verlagert und das Gleichgewicht zustande kommt.

Balancierende Nadeln

Drücke eine Stecknadel mit Metallkopf in den Korken einer Flasche und bohre einen losen Korken etwas an, so daß du in ihn eine zweite Stecknadel verkehrt herum einsetzen kannst. Wie läßt sich nun die eine Nadel auf der anderen balancieren? Drücke zusätzlich zwei Kuchengabeln in den losen Korken, so daß sie seitlich wie Arme herausragen, und setze vorsichtig Nadelspitze auf Nadelkopf.

Der Schwerpunkt des Gebildes hat sich wegen der schweren Gabelgriffe so weit unter den Stecknadelkopf verlagert, daß das Gleichgewicht zustande kommt. Die Nadelspitze findet auf dem Nadelkopf genügend Halt, weil dieser nicht so glatt ist, wie es scheint.

Trägheit

Eierkreisel

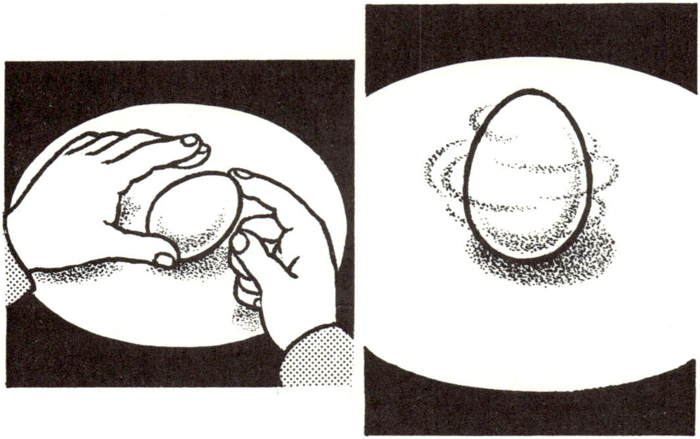

Man kann ein hartgekochtes Ei von einem rohen Ei unterscheiden, wenn man die Eier auf einem Teller zum Drehen bringt. Das gekochte Ei dreht sich rasch, und da sein Schwerpunkt in der dicken Hälfte liegt, stellt es sich wie ein Kreisel auf.

Der flüssige Inhalt des rohen Eis verhindert das. Da das Dotter schwerer als das Eiweiß ist, schlingert es infolge der Zentrifugalkraft aus der Mitte und bremst die Drehbewegung ab. Hält man nun das Ei an und läßt es gleich wieder los, dreht es sich kurz weiter. Der Grund dafür ist die Trägheit des flüssigen Inhalts: Er will nach dem Abstoppen des Eis weiter in Bewegung bleiben.

Träges Ei

Lege auf ein Glas Wasser ein Frühstücksbrettchen, stelle darauf eine Zündholzschachtelhülse und lege obenauf ein rohes Ei. Das Brettchen sollte leicht über die Tischkante ragen. Wie läßt sich das Ei mit Hilfe eines Besens unversehrt ins Glas befördern?

Stelle den Besen senkrecht vor den Tisch und drücke mit dem Fuß auf das Besenholz. Läßt du den Stiel federnd gegen das Brettchen schlagen, fliegt es zusammen mit der leichten Hülse weg. Das Ei wird bei dem Schlag jedoch nicht mitgerissen. Seine Trägheit ist entsprechend seinem Gewicht so groß, daß es kurz an seinem Platz verharrt und dann senkrecht ins Wasser fällt.

Schatz im Turm

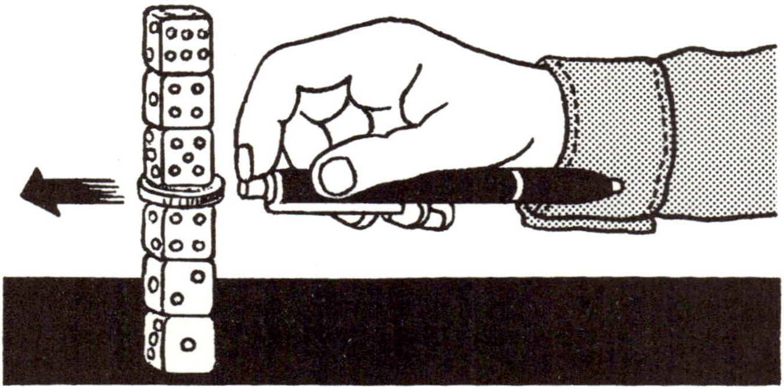

Baue sechs Spielwürfel aus Horn oder Kunststoff zu einem Turm auf und lege in seine Mitte ein Zehnpfennigstück. Der Turm ist sehr wackelig; wie kann man aber trotzdem das Geld herausholen, ohne die Würfel zu berühren oder umzuwerfen?

Halte mit etwas Abstand einen Kugelschreiber mit seiner Knipsvorrichtung vor den Rand der Münze. Drückst du ab, fliegt das Geldstück aus dem Turm. Die Bewegung der Spiralfeder im Kugelschreiber überträgt sich blitzartig auf die Münze, wegen der geringen Reibung zwischen den glatten Flächen aber nicht auf die Würfel. Diese haben entsprechend ihrem Gewicht eine ziemlich große Trägheit und verharren an ihrem Platz.

Standhafter Bleistift

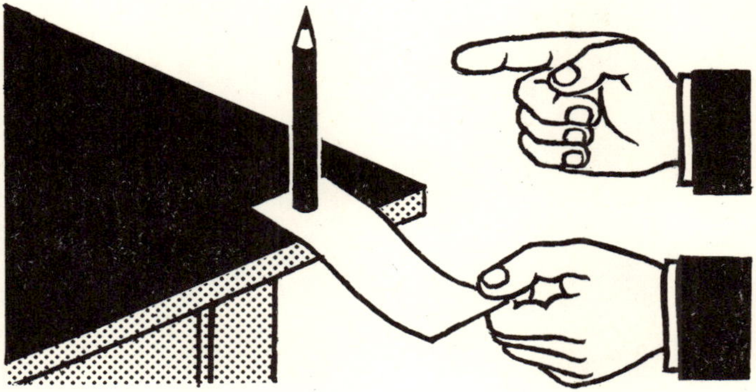

Lege einen Streifen Papier über eine glatte Tischkante und stelle einen Bleistift mit geradem Ende darauf. Wird es dir gelingen, das Papier zu entfernen, ohne den Bleistift zu berühren oder umzuwerfen?

Ziehst du das Papier langsam fort, fällt der Bleistift garantiert um. Der Versuch gelingt, wenn das Papier durch blitzschnelles Aufschlagen mit dem Finger entfernt wird.

Jeder Körper hat das Bestreben, in dem Zustand der Ruhe oder der gleichförmigen Bewegung zu bleiben, in dem er sich gerade befindet. Der Bleistift leistet der schnellen Bewegung des Papierstreifens Widerstand, indem er an seinem Platz beharrt und nicht umkippt.

Technisches Kräftespiel

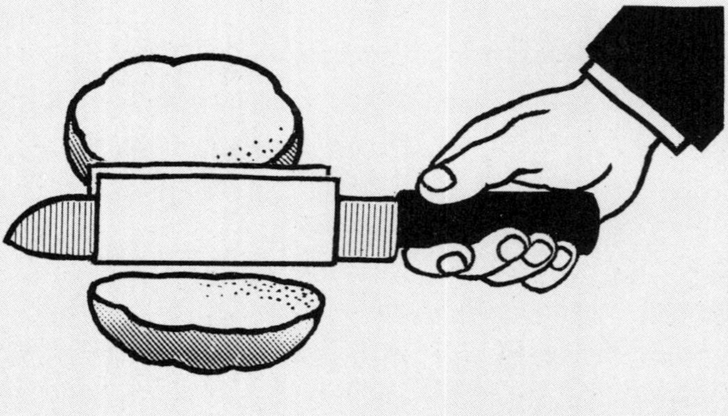

Papierbrücke

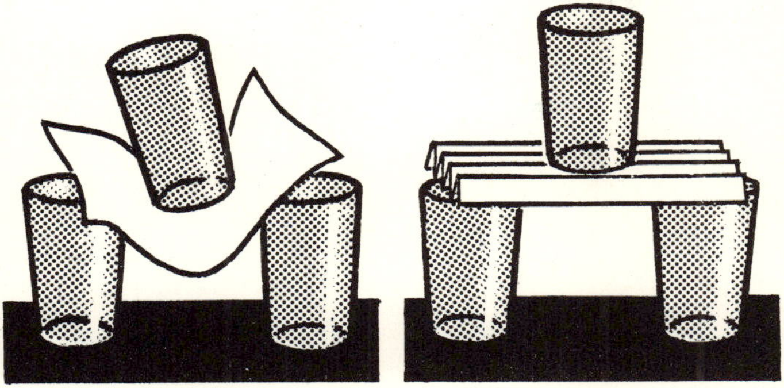

Lege einen Bogen Schreibpapier als Brücke über zwei Gläser und stelle darauf ein drittes Glas. Hoppla! Die Brücke hält nicht. Wenn du jedoch das Papier faltest, tragen die Falten die Last des Glases: Sie verteilt sich dann auf mehrere schräggestellte Papierwände.

In den Falten werden die Papierwände zusammengehalten und haben dadurch eine weit höhere Druck- und Zugfestigkeit als der flache Papierbogen. In der Industrie wird die Stabilität von Blechen und Platten durch Verformung mit runden und kantigen Profilen enorm erhöht – denke nur an Wellblech und Wellpappe!

Stabilität der Eischale

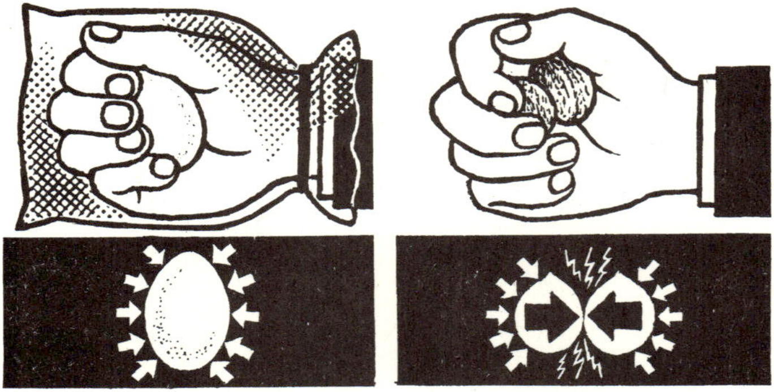

Was läßt sich mit einer Hand leichter zerdrücken, zwei Walnüsse oder ein rohes Hühnerei? Presse zuerst zwei Walnüsse in der Hand gegeneinander. Ihre Schalen knakken leicht, weil sich der Hebeldruck der Hand auf die Stellen konzentriert, wo sich die beiden Nüsse berühren. Nimm nun ein rohes Hühnerei, achte darauf, daß seine Schale nicht schadhaft oder brüchig ist, stecke die Hand vorsichtshalber in einen Plastikbeutel und drücke das Ei so fest wie du kannst. Der Hebeldruck verteilt sich in diesem Fall von allen Seiten gleichmäßig auf das Ei und reicht nicht aus, um es zu zerbrechen. Gewölbte Wände sind enorm stabil. Diesen Vorteil weiß der Mensch in der Technik zu nutzen, unter anderem beim Bau von Brücken oder Gewölben.

Knoten in der Zigarette

Wickle mit Erlaubnis eines Erwachsenen eine Zigarette in die Plastikfolie der Verpackung ein und drehe die Enden fest zu. Es gelingt dir jetzt ohne weiteres, einen Knoten in die Zigarette zu machen, ohne sie dabei zu zerbrechen.

Ohne die Folienhülle würde die Zigarette sofort auseinanderbrechen, weil der Druck der Tabakfüllung das Papier an der am meisten belasteten Stelle durchstoßen würde. Die Hülle ist aber so fest, daß sie den Druck von innen gleichmäßig auf die ganze Zigarettenlänge verteilt. Nach dem Entknoten und Auswickeln braucht man die Zigarette nur glattzustreichen. Für diesen Versuch verwendet man am besten eine lange Zigarette.

Schnittfestes Papier

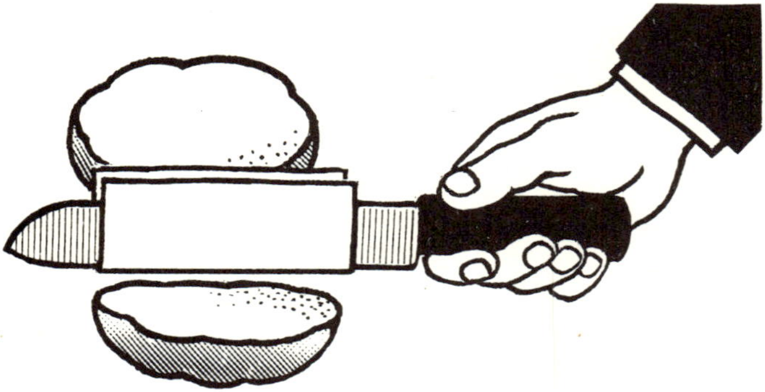

Lege ein gefaltetes Stück Schreibpapier auf die Schneide eines Messers und falte es über die Klinge. Du kannst nun mit dem umkleideten Messer Kartoffeln zerschneiden, ohne daß das Papier dabei beschädigt wird.

Das Papier dringt mit dem Messer in die Kartoffel ein. Der Druck der Klinge auf die Papierfasern erfährt einen Gegendruck der Kartoffel. Das Papier wird nicht zerschnitten, weil das Fleisch der Kartoffel weicher ist als die Papierfasern. Selbst beim Zerschneiden einer unreifen oder verholzten Frucht halten die Papierfasern stand. Hält man aber das Papier oben fest, fehlt der Druckausgleich, und es wird zertrennt.

Schall und Töne

Singende Gläser

Stelle zwei dünnwandige Weingläser nebeneinander auf den Tisch. Wasche deine Hände mit Seife und fahre dann mit nassem Zeigefinger langsam auf dem Rand eines Glases entlang. Dabei entsteht ein lauter, wohlklingender Dauerton.

Der Finger reibt über das Glas. Dabei bekommt es winzige Stöße, beginnt zu vibrieren und bringt die Luft zum Schwingen. Aber eigenartigerweise übertragen sich die Schallwellen auf das zweite Glas; ein darauf gelegter dünner Draht zeigt dessen Schwingungen an. Das „Mittönen" kommt nur zustande, wenn die Gläser beim Anschlagen die gleiche Tonhöhe haben. Ist sie unterschiedlich, läßt sie sich durch Einfüllen von etwas Wasser ausgleichen.

Papiermembrane

Halbiere ein Streichholz, spitze es an und spalte es am anderen Ende. Stecke es auf einen glatten Bogen Schreibpapier und halte das Ganze senkrecht auf eine sich drehende, ausgediente Schallplatte. Fast ebenso klar und kräftig wie aus dem Lautsprecher wird die Musik durch das Papier übertragen.

Das Streichholz läuft in den Rillen der Schallplatte und überträgt – ähnlich wie eine Grammophonnadel auf die Membrane eines alten Trichtergrammophons – die seitlichen Ausschläge auf das Papier. Die Schwingungen des Papiers pflanzen sich als Schallwellen durch die Luft auf das Trommelfell fort.

Leitung zum Ohr

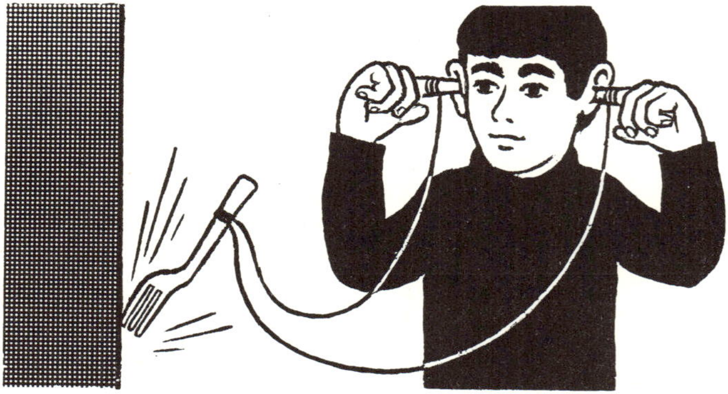

Binde in die Mitte eines etwa einen Meter langen Fadens eine Gabel, möglichst ganz aus Metall. Wickle die beiden Fadenenden mehrmals über deine Zeigefinger und halte die Fingerspitzen in die Ohren. Lasse nun die Gabel an einem harten Gegenstand anschlagen. Wenn der Faden danach straff gespannt ist, vernimmst du ein lautes, glockenähnliches Läuten.

Durch den Anschlag vibriert das Metall wie bei einer Stimmgabel. Die Schwingungen werden hier nicht durch die Luft, sondern über den Faden und die Finger direkt zum Trommelfell geleitet. Der Schall breitet sich nicht nur in der Luft, sondern auch in allen festen, flüssigen und gasförmigen Stoffen aus.

Brummflöte

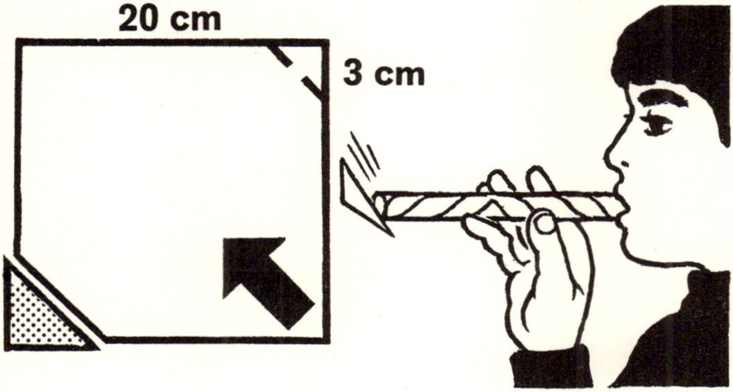

Ein quadratisches Stück Schreibpapier wird an einer Ecke abgeschnitten. Die gegenüberliegende Ecke erhält zwei kleine Einschnitte. Rolle das Papier in Pfeilrichtung über einen Bleistift zu einer Röhre und drücke die eingeschnittene Ecke leicht zur Öffnung hin. Ziehst du durch die Röhre tief Luft ein, entsteht ein lauter Brummton.

Durch die hereinströmende Luft wird die Papierecke angesaugt Da sie aber leicht federt, beginnt sie zu vibrieren und erzeugt in der Luft Schallwellen. Die Anzahl der Schallwellen pro Sekunde nennt man „Frequenz". Sie ist hier verhältnismäßig niedrig, und deshalb hört man einen tiefen Ton.

Licht

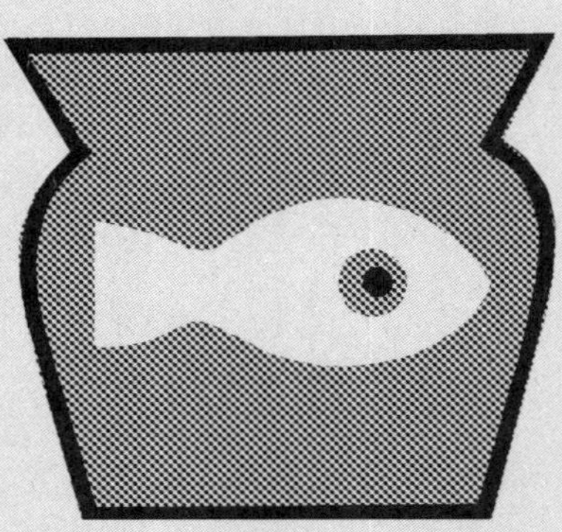

Camera obscura

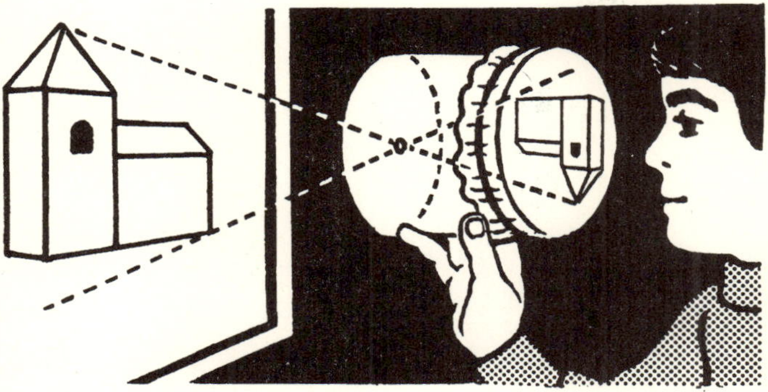

Bohre ein Loch in die Mitte des Bodens einer Dose. Spanne über die Büchsenöffnung Pergamentpapier, das du mit einem Gummiring sicherst. Betrachtest du mit dieser einfachen Kamera vom dunklen Zimmer aus ein hell angestrahltes Gebäude, dann erscheint das Bild umgekehrt auf der Mattscheibe.

Nach dem gleichen Prinzip arbeitet unser Auge. Die Lichtstrahlen fallen durch Pupille und Linse und projjzieren ein umgekehrtes Bild auf die Netzhaut. Im Sehzentrum unseres Gehirns werden die Bilder wieder umgedreht.

Blick in die Unendlichkeit

Halte einen Taschenspiegel so zwischen deine Augen, daß du mit beiden Augen in einen größeren Spiegel vor dir blicken kannst. Stehen die beiden Spiegel parallel zueinander, schaust du in eine unendliche Reihe von Spiegelungen, die sich wie ein gläserner Kanal in die Ferne ziehen.

Da die Glasschicht eines Spiegels nicht völlig klar ist, sondern leicht grünlich schimmert, wird bei jeder Spiegelung etwas Licht verschluckt. Dadurch wird das Bild bei zunehmender Tiefe dunkler und verschwommener.

Aufgelöste Münze

Auf einer hellen Unterlage steht ein leeres Marmeladenglas. Man sieht darin eine Münze liegen. Füllt man nun Wasser in das Glas, ist die Münze weg, so als habe sie sich aufgelöst. Der Trick: Die Münze wird nicht in das Glas, sondern unter seinen gewölbten Boden gelegt. Die von ihr durch den Glasboden kommenden Lichtstrahlen gelangen so in unser Auge, daß man glaubt, sie liege tatsächlich im Glas. Füllt man aber Wasser ein, kommen die Strahlen nicht mehr durch. Sie werden am Glasboden, wo sie in einem flachen Winkel gegen das Wasser treffen, nach unten zurückgeworfen und erzeugen da den quecksilberartigen Spiegelglanz. Man könnte die Münze allenfalls von oben sehen, aber auf die Öffnung kommt ja der Deckel.

Schattenspiel

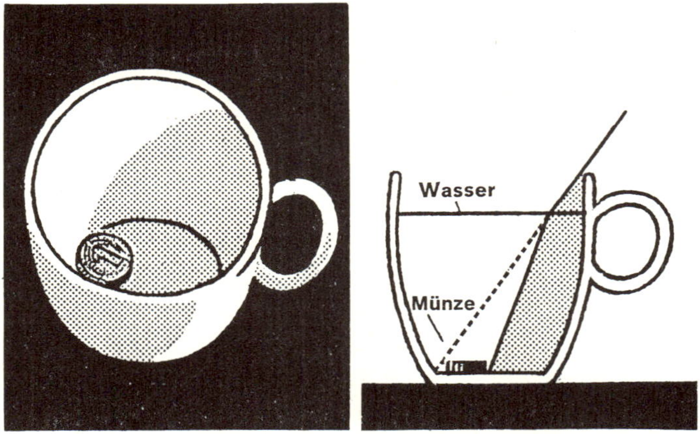

Lege ein Pfennigstück in eine Tasse nah an die Wand. Stelle die Tasse in schräg einfallendes Licht, so daß der Schatten des Tassenrandes gerade die Münze bedeckt. Wie kann man den Pfennig aus dem Schatten befreien, ohne Tasse oder Münze zu bewegen oder einen Taschenspiegel zu benutzen?

Ganz einfach! Brich die Lichtstrahlen zur Münze hin: Fülle die Tasse mit Wasser, und der Schatten weicht zur Seite. Die Lichtstrahlen gehen nach dem Auftreffen auf die Wasseroberfläche nicht geradlinig weiter, sondern werden in einem Winkel nach unten hin gebrochen.

Augenstäubchen

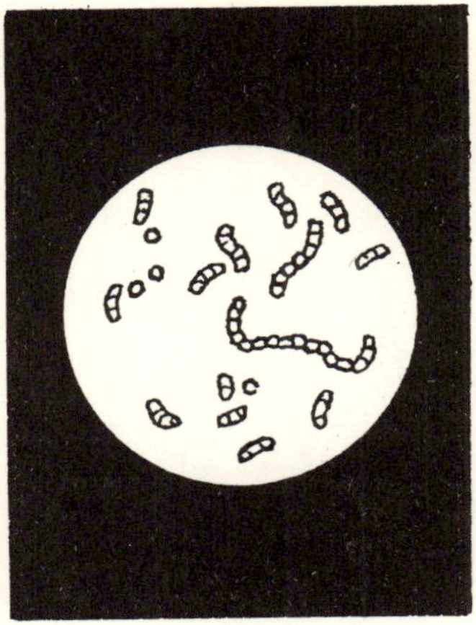

Stich mit einer Nadel ein Loch in eine Karte und blicke durch das Loch auf eine brennende matte Glühbirne. Du wirst im Blickfeld eigenartige Gebilde entdecken, die wie winzige Bläschen vor dir schweben.

Das ist keine optische Täuschung! Die Gebilde sind winzige Trübungen in deinem Auge, die Schatten auf die Netzhaut werfen. Da sie schwerer als die Flüssigkeit des Auges sind, wandern sie nach jedem Augenaufschlag immer wieder nach unten. Legst du den Kopf auf die Seite, streben die Augenstäubchen zum Augenwinkel hin, ein Zeichen dafür, daß sie der Schwerkraft folgen.

Seltsame Vergrößerung

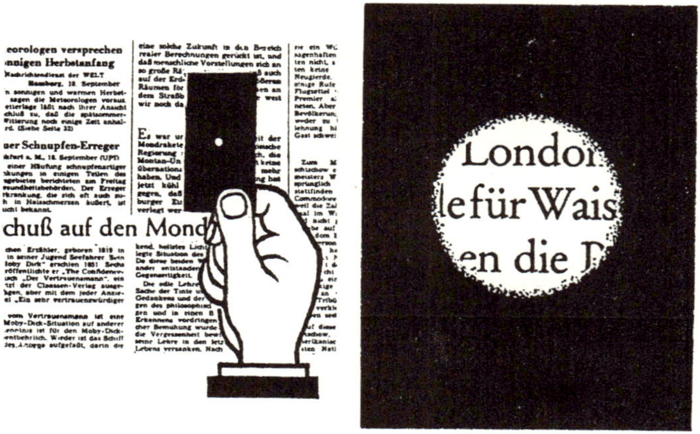

Stich mit einer Stecknadel ein winziges Loch in eine Karte aus schwarzem Karton. Halte es dicht ans Auge und blicke hindurch. Bringst du eine Zeitung in unmittelbare Nähe, erscheint die Schrift vergrößert und ist deutlich lesbar. Die Erscheinung beruht in erster Linie auf der sogenannten Beugung des Lichtes. Die durch das kleine Loch einfallenden Lichtstrahlen werden in die Breite geleitet, und die Buchstaben erscheinen daher vergrößert. Die Bildschärfe kommt – ähnlich wie bei einem Fotoapparat – durch die Blendenwirkung der kleinen Öffnung zustande: Es gelangen nur schlanke Strahlenbündel hindurch, während störende Randstrahlen, die das Bild unscharf machen würden, abgehalten werden. Die kleine Lochblende kann dir im Notfall eine Brille ersetzen.

Mondrakete

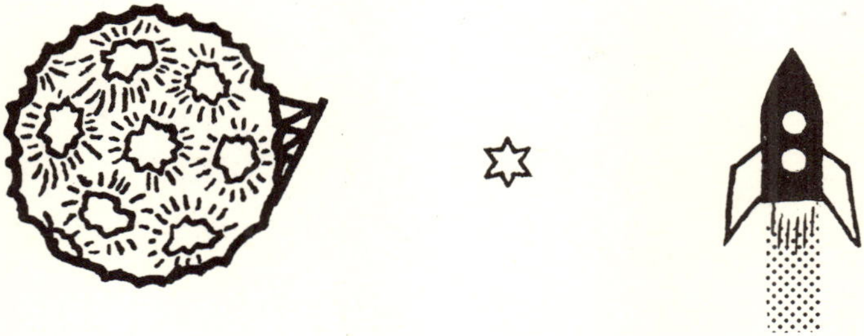

Halte das Bild so, daß sich deine Nasenspitze ziemlich nah am Stern befindet, und drehe das Bild langsam links herum. Die Rakete fliegt ins Weltall und landet wieder auf dem Mond.

Zuerst sieht das rechte Auge nur die Rakete und das linke nur den Mond. Wie beim normalen Sehen werden die beiden Bildeindrücke im Gehirn zusammengefügt, so daß die Rakete scheinbar auf der Abschußrampe liegt. Dreht man das Bild nach links, schielen beide Augen auf die Rakete und verfolgen sie in ihrer Bewegung über die Nase, bis nach einer Drehung um 180° die beiden Bildhälften erneut zusammenrücken.

Lichtfächer

Halte ein helles Stäbchen zwischen Daumen und Zeigefinger und wippe es bei Neonlicht auf und ab. Man sieht nicht eine verwischte helle Fläche, sondern einen Fächer mit hellen und dunklen Rippen.

Neonröhren enthalten ein Gas, das durch elektrischen Strom aufleuchtet. Aufgrund von kurzen Unterbrechungen im Wechselstrom geht aber ihr Licht 50mal in einer Sekunde an und aus. Normalerweise nimmt das Auge wegen seiner Trägheit die Lichtpausen nicht wahr. Das wippende Stäbchen wird in schneller Folge beleuchtet und verdunkelt: Es bewegt sich scheinbar ruckartig. In einer Glühbirne glüht der Metallfaden in den kurzen Stromunterbrechungen weiter.

Schloßgespenst

In dieser Ruine geistert ein Nachtgespenst! Halte das Bild der schwarzen Figur rechts in normaler Leseentfernung vor deine Augen und blicke bei hellem Licht eine Minute lang starr auf ihren Mund. Schaust du gleich danach in das Tor der Schloßruine, erscheint dort nach etwa 10 Sekunden das Scheinbild eines weißen Gespenstes.

Beim Betrachten der Figur bleibt der von der schwarzen Fläche betroffene Teil der Netzhaut unbelichtet. Die übrigen Sehzellen werden vom hellen Papier geblendet und ermüden rasch. Blickst du nun in das Tor, nehmen die ermüdeten Sehzellen das Weiß des Papiers nicht in voller Helligkeit wahr, sondern als graue Fläche. Die anderen Sehzellen dagegen empfinden den weißen Ton des Papiers um so strahlender.

Sinnes-täuschungen

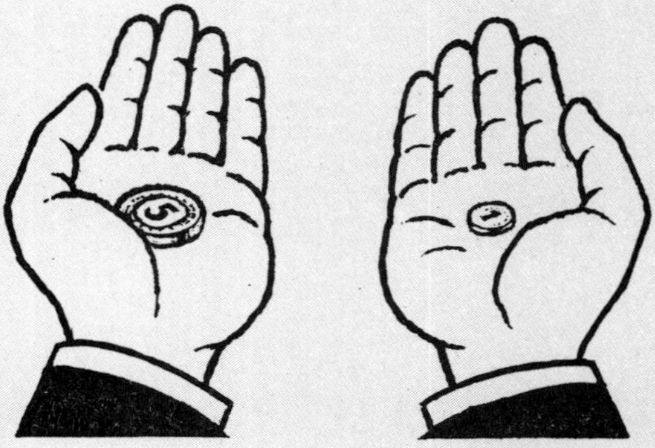

Geisterballon

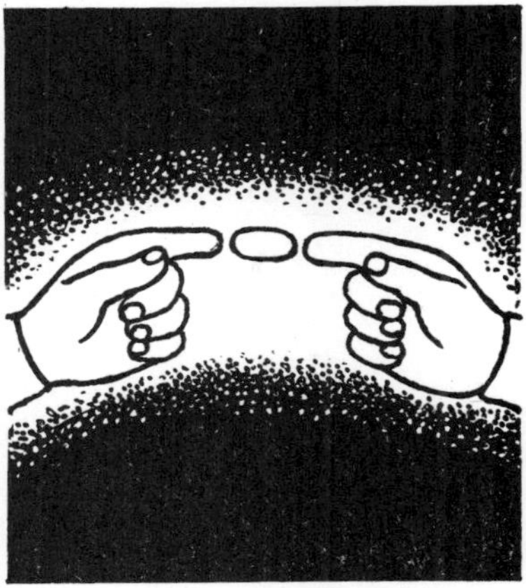

Halte deine Zeigefinger so, daß sie sich etwa 30 cm vor deiner Nasenspitze berühren, und blicke über die Fingerspitzen hinweg zur gegenüberliegenden Wand. Dabei wirst du ein seltsames Gebilde wahrnehmen, das scheinbar wie ein winziger Ballon zwischen deinen Fingerspitzen schwebt.

Beim Blick über die Finger stellen sich die Augen scharf auf die Wand ein. Die Finger aber werden dabei so auf die Netzhaut projiziert, daß sich die beiden Bildeindrücke im Gehirn nicht überdecken. Jedes Auge sieht die Spitzen beider Finger doppelt, und die zusätzlichen Bilder der Fingerspitzen vereinen sich schließlich in der Mitte zu einem rundlichen oder länglichen Scheingebilde.

Verwirrte Schrift

Wetten, daß du deinen Namen nicht schreiben kannst, wenn du gleichzeitig mit einem Bein kreisförmige Bewegungen ausführst? Mehr als ein unleserliches Gekritzel kommt dabei nicht heraus.

Es gelingt dir wohl, die kreisförmigen Beinbewegungen in gleicher Richtung mitzuzeichnen. Sobald du jedoch die Kreise andersherum ziehst, geraten die Bewegungen durcheinander. So kommt es, daß sich die Beinbewegungen in die Schrift einmogeln.

Jede Tätigkeit erfordert so viel Konzentration, daß nicht beide gleichzeitig ausgeführt werden können. Ähnlich wird übrigens deine Konzentration beeinträchtigt, wenn du Schularbeiten machst und dabei Musik hörst.

Schreibfehler

Halte eine Karte vor deine Stirn und versuche, deinen Namen darauf zu schreiben. Du wirst dich wundern, was dabei herauskommt. Der Name steht nämlich in Spiegelschrift geschrieben.

Bei dem ungewohnten Schreibversuch vergißt man, daß man nicht nur den Bleistift, sondern auch die Schreibrichtung umkehren muß.

Aus reiner Gewohnheit hast du wie sonst beim Schreiben links begonnen und rechts aufgehört. Dadurch ist die Schrift seitenverkehrt geworden.

Problem mit Kleingeld

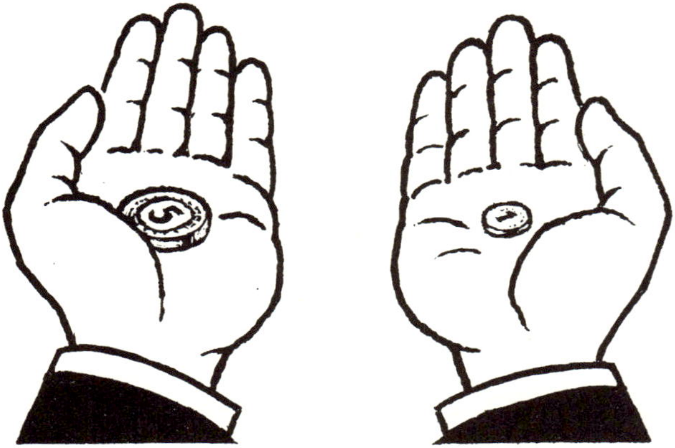

Wie schwer sind eigentlich unsere Münzen, wenn man ihr Gewicht miteinander vergleicht? Was meinst du, wie viele Pfennigstücke nötig sind, um das Gewicht eines Fünfmarkstücks aufzuwiegen, 10, 20 oder 50?

Weil das Fünfmarkstück in unserem Bewußtsein eine recht schwere und dicke Münze ist, das Pfennigstück aber etwas ganz Winziges verkörpert, täuscht man sich. Wiege die Geldstücke auf einer Briefwaage ab. Man braucht wirklich nur 5 Pfennigstücke, um das Gewicht eines Fünfmarkstücks zu erreichen.

Irritierende Kreise

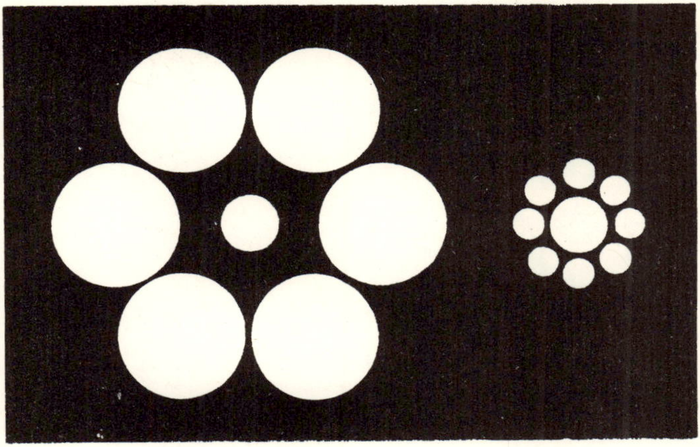

Sieh dir diese beiden Figuren an. Welche der beiden Kreisflächen in der Mitte der Figuren ist größer?

Beide Kreise sind gleich groß! Im Unterbewußtsein vergleichen wir nicht nur die Mittelkreise miteinander, sondern auch mit den sie umgebenden Kreisen. Dadurch entsteht der Eindruck, daß der Mittelkreis der rechten Figur größer ist.

Einer ähnlichen optischen Täuschung unterliegen wir auch beim Betrachten des Mondes. Steht er dicht über dem Horizont, vergleichen wir seine Größe mit der von Häusern und Bäumen. Er erscheint dann viel größer, als wenn er hoch am Himmel steht.

Lebende Bilder

Kopiere die beiden Bilder, schneide sie aus und klebe sie – Teil 1 auf Teil 2 – am oberen Rand zusammen. Rolle das obere Blatt ein und bewege es mit einem Bleistift auf und ab. Es entsteht der Eindruck, als ob sich die Figuren bewegen.

Die von unserem Auge empfangenen Bildeindrücke fließen im Gehirn ineinander über und schaffen den Eindruck einer Bewegung. Dieser „kinematografische Effekt" erscheint hier sehr ruckartig, weil er nur von zwei Bildern erzeugt wird. Beim normalen Film rollen in der Sekunde 24, beim Fernsehen sogar 25 Bilder ab, und wir sehen eine Bewegung glatt und flimmerfrei.

Magische Schneckenlinie

Betrachte dieses Bild genau. Du wirst sicherlich der Meinung sein, daß hier eine Spirale dargestellt ist. Schau noch einmal genau hin und fahre die Linien mit einem Bleistift oder einem Zirkel nach.

Die Überprüfung ergibt, daß es sich hier um konzentrische Kreise handelt. Das bedeutet, daß sie um den gleichen Mittelpunkt herum angeordnet sind. Es ist sehr schwierig, die vollständigen Kreise mit einem Blick zu erfassen. Das Auge folgt den Linien und wird dabei zur Bildmitte abgelenkt, weil das schwarze Hintergrundgitter perspektivisch und die einzelnen Kreisteile schräg verschoben dargestellt sind.

Täuschende Drehung

Bewege das Bild mit dem Grammophon vor den Augen leicht kreisend hin und her. Dabei scheint sich die Schallplatte zu drehen.

Diese scheinbare Bewegung hat mannigfaltige Ursachen. Der bei der Bewegung des Bildes ständig wechselnde Lichteinfall und Betrachtungswinkel erzeugen im Auge wandernde dunkle und helle Zonen, die scheinbar quer über die Platte ziehen. Da das Auge träge ist und die Bildeindrücke noch eine kleine Weile auf der Netzhaut nachwirken, überdecken sie sich, und es kommt zur Wahrnehmung scheinbar wirklicher Plattenumdrehungen.